Praxis Impulse

Sigrid Binder, Mechthild Hagen, Joachim Kahlert (Hrsg.)

GanzOhrSein

Ein fächerübergreifendes Grundschulprojekt

westermann®

Dieses Werk folgt der reformierten Rechtschreibung und Zeichensetzung 2006.
Ausnahmen bilden Texte, bei denen künstlerische, philologische
oder lizenzrechtliche Gründe einer Änderung entgegenstehen.

Druck A¹ / Jahr 2007

Lektorat: Michael Tornette
Herstellung: Heike Freese, Gudrun Hommers
Illustrationen: Chistina Rademacher
Druck und Bindung: westermann druck GmbH, Braunschweig

ISBN 978-3-14-**163022**-0

Inhaltsverzeichnis

Kopiervorlagenverzeichnis

Unsere Schule bekommt einen Hörclub

Einen Hörclub einrichten

An Schulen werden heute vielfältige Ansprüche gestellt. Neben der Vorbereitung, Durchführung und Analyse von Unterricht sollen Lehrerinnen und Lehrer auch das außerunterrichtliche Angebot erweitern, das Schulleben gestalten, ihrer Schule ein besonderes Profil geben und Eltern motivieren, sich aktiv am Schulleben zu beteiligen. Die Einrichtung eines Hörclubs trägt dazu bei, diese Ansprüche pädagogisch sinnvoll zu erfüllen.

Was ist ein Hörclub?

Initiiert durch die Stiftung Zuhören gibt es Hörclubs mittlerweile in mehreren Bundesländern an über 300 Grundschulen. In Hörclubs beschäftigen sich die Kinder mit dem Hören und Zuhören in der Regel außerhalb des eigentlichen Unterrichts einmal wöchentlich nachmittags oder im Anschluss an den Vormittag. Als Clubmitglied erhalten sie einen Clubausweis und geben ihrem Club einen Namen, wie zum Beispiel Ohrenbande, Ohrenspitzer oder Hör-Gang.

Betreut werden die Hörclubs in der Regel von Lehrerinnen oder Lehrern. Auch Eltern können aktiv werden, eigene Ideen einbringen und von den Aktivitäten zur Förderung des Zuhörens für die Gestaltung des Klimas zu Hause profitieren.

In Hörclubs soll Zuhören ein Vergnügen sein. Die Kinder widmen sich ihren Vorstellungswelten, die durch Zuhören geweckt und durch eigene Fantasie angeregt werden. Außerdem bieten Hörclubs Gelegenheit zum aktiven „Hörenmachen“, zum Beispiel durch eigene Hörproduktionen.

Ziele des Hörclubs

Die gemeinsame Gestaltung einer Atmosphäre, die das Hören und Zuhören fördert, schafft Zuversicht und Vertrauen im Umgang miteinander.

Die Verabredung zum gemeinsamen Hören in einem Hörclub kann dazu beitragen,

- dem Hören einen eigenen Stellenwert im Alltag der Kinder zu verschaffen,
- Hörerfahrungen zu reflektieren und so für eigenes Hören und für die akustische Umwelt sensibler zu werden,
- das Hören als etwas Interessantes zu entdecken (Hörbilder im Kopf entstehen lassen, sich auf die eigenen Hörbilder konzentrieren, darüber berichten, vergleichen),
- sich über das Hören und über Gehörtes mit anderen auszutauschen,
- Spaß am Hören zu erfahren,
- soziales Lernen zu unterstützen (Regeln einhalten und anwenden, über das Hören andere kennenlernen, Verantwortung erfahren und übernehmen),
- sprachliche Fähigkeiten zu fördern (sich mitteilen, sich äußern, mit anderen über die eigene Wahrnehmung sprechen),
- vielfältige Ausdrucksweisen für die Wiedergabe eigener Wahrnehmungen zu inspirieren und zu entwickeln (Malen, Spiel, Bewegung),
- sich in die Perspektive anderer, die man als Zuhörer gewinnen möchte, hineinzuversetzen.

Ausstattung und Aktivitäten

Ausstattung

Folgende Ausstattung wird empfohlen:
- Um guten Hörgenuss bieten zu können, ist eine gute Stereoanlage erforderlich.
- Kassetten, CDs zum Hören,
- Hörkassetten, auch von Kindern aufgenommen und mitgebracht,
- eine CD mit besonderen Klängen, wie zum Beispiel die CD „Klangoase“ (vgl. „weitere Materialhinweise“, S. 8),
- Kassetten mit Musik und Geräuschen zum Entspannen, mit Gedichten, mit Liedern zum Tanzen,
- ein Karteikasten mit kleinen Geschichten und kleinen Hörspielszenen zum szenischen Lesen und Vertonen (leicht les- und sprechbar) und/oder Bücher mit Dialogen zum Nachspielen und Texten zum Selbstvertonen,
- Klänge, von den Kindern hergestellt und mitgebracht (z. B. Klangdosen, Klangtaschen, Dinge mit besonderen Klängen, die sie mit der Stimme oder dem Körper erzeugt haben),
- Klangmuseum mit Bildern vergessener Klänge,
- Leerkassetten für eigene Aufnahmen,
- dicke Matten oder Kissen.
- Teppiche oder Wandverkleidungen können störenden Schall etwas reduzieren. In den meisten Clubs helfen Eltern mit bei der Einrichtung, z. B., indem sie bequeme Sitzgelegenheiten wie Sofas oder Matratzen zur Verfügung stellen.
- Material für Aktivitäten: Malkasten, Papier, Material zum Basteln ...,
- Klangkoffer: alter Koffer, in dem Geräuscherzeuger jeder Art gesammelt werden (vom Regenrohr bis zur Rassel),
- Bilder, Plakate, Tücher als Raumschmuck,
- Tücher zum Verkleiden/Anlegen von Rollen (Socken, Hüte, alte Brillen und Mäntel, Schals und andere Kleidungsstücke),
- Mikrofon und Aufnahmegerät,
- evtl. Computer mit Schneideprogramm.

Hörregal

CDs, Kassetten, Karteikarten, Bücher, Klanginstrumente sowie die Materialien zum Malen, Verkleiden und Spielen und die anderen technischen Materialien lassen sich in einem Hörregal aufbewahren. Um die Pflege der Materialien zu sichern, können Kinder Patenschaften übernehmen, z. B. für die Kassetten, den Karteikasten, die Instrumente.

Aktivitäten im Hörclub

In Hörclubs ist vieles möglich: Stilleübungen zur Förderung von Achtsamkeit, Übungen zur Orientierung durch Hören und zur Interpretation von Geräuschen, Erzählen, Verfassen von Lautgedichten, Üben des Stimmeinsatzes, gezielte Geräuschbildung, Sammeln und Basteln von Instrumenten, Experimenten zum Themenfeld Schall und Akustik bis hin zur Durchführung und Auswertung von Hörspaziergängen (siehe dazu Seite 27–29).

Einstiegsritual

Ob man den Aktivitäten einen festen Rahmen gibt oder eher offen arbeitet, entscheiden Lehrerinnen und Lehrer flexibel. Nahezu alle Hörclubs beginnen jedoch mit einem Ritual. Die Kinder sollen zur Ruhe kommen und sich gezielt auf das Hören einstimmen.

Dazu kann eine Fantasiereise mit Meditationsmusik dienen, der Ton einer Klangschale oder ein „Klang des Tages“, der von einer Hör-CD (siehe „weitere Materialhinweise“, Seite 8) eingespielt wird und den es zu interpretieren gilt.

Im Mittelpunkt steht das Hörspiel

Im Mittelpunkt der Hörclubstunde steht das Hörspiel, eine von guten Sprechern vorgetragene Geschichte oder ein spannender Krimi. Längere Hörstücke werden unterbrochen – Fortsetzung folgt beim nächsten Mal.

Während des Zuhörens nimmt jeder seine eigene Hörhaltung ein. Das kann im Liegen sein, bequem auf Matratzen, direkt vor dem Abspielgerät oder hinter dem Vorhang. Manche Kinder sitzen still, andere bewegen sich beim gemeinsamen Hören.

Im Anschluss an das Zuhören sprechen die Kinder über das Stück, malen ihre Eindrücke oder spielen – verkleidet – Teile des Stückes nach. Dabei können auch Veränderungen und Fortsetzungen erfunden werden.

Einzelne Hörclubs berichten von erfolgreichen Veranstaltungen, mit denen sie ihre Aktivitäten an der Schule innerhalb des Stadtteils, mitunter unter Hinzuziehung der lokalen Presse und von Vertretern der Schulträger, bekannt machen.

Die Anregungen für die praktische Arbeit in den Hörclubs sind im Folgenden nach Handlungsfeldern geordnet.

Spielideen

Das Handlungsfeld I bietet verschiedene Spielideen für die gezielte Hörförderung und für die Umsetzung von Höreindrücken. Sie lassen sich auch zwischendurch als Warm-up einsetzen (vergleiche Anregungen 1–7, Seite 9–12).

Mit Kleinproduktionen beginnen

Das Handlungsfeld II (Seite 13–16) enthält 5 Anregungen, die zur Vorbereitung von Hörspielproduktionen dienen können. Die Schülerinnen und Schüler üben freies Sprechen (Anregungen 8–10) sowie das gezielte Aufnehmen von Hintergrundgeräuschen (Anregungen 11 und 12).

Hörspiele produzieren

Handlungsfeld III (Seite 17–18) enthält Vorschläge für die Produktion eigener Hörspiele aus verschiedenem Anlass und mit unterschiedlichen Mitteln (Anregungen 13–15).

Bewährt haben sich kleine Spiele, die zur Auflockerung oder zum gezielten Üben besonderer Hör- und Zuhörfertigkeiten eingesetzt werden können. Die im Folgenden vorgestellten Spielideen dienen

- dem konzentrierten und erkennenden Hören (Anregungen 1–4),
- dem Improvisieren und fantasievollen Umsetzen von Höreindrücken (Anregungen 5/6),
- der Abstimmung beim Arrangieren gemeinsam produzierter Hörereignisse.

Die Spiele lassen sich zum Teil auch nutzen, um eine laute Klasse zu beruhigen.

Weitere Materialhinweise

Die *Stiftung Zuhören* bietet ein Materialpaket mit ausgewählten Hörkassetten, Spiel-, Sprech- und Bastelanregungen, Übungen zur akustischen Wahrnehmung und der CD „Klangoase" mit ungewöhnlichen Klängen an. Dazu gibt es Karteikarten, die eine kurze Inhaltsangabe sowie Anregungen zur Arbeit mit dem jeweiligen Hörspiel enthalten.
Kontakt: hoerclubs@hr-online.de oder www.stiftung-zuhoeren.de

Ein Film über die Arbeit in Hörclubs ist zu erwerben über:
Unterrichtsmitschau und didaktische Forschung
Ludwig-Maximilians-Universität München
Martiusstraße 4, 80802 München
Tel. 089/2180-4831
Fax 089/2180-4833
E-Mail: lmu.unterrichtsmitschau@lrz.uni-muenchen.de
www.lmu.de/unterrichtsmitschau

Zum Weiterlesen

Baacke, D. (1999): „Medienkompetenz" – theoretisch erschließend und praktisch folgenreich. In: medien und erziehung, Heft 1, 7–11.

Bernius, V. & Gilles, M. (Hrsg.) (2002): Hörspaß. Über Hörclubs an Grundschulen, Göttingen;

Bernius, V. (2001): Spaß am Zuhören. Angebote zum Hören – Hörclubs an Grundschulen. In: Kahlert u. a., a. a. O., 108–117.

Bernius, V.; Ehlers, R. & Gilles, M. (1999): „Was hören wir denn heute?" Hörclubs an Grundschulen. In: Rogge & Rogge, a. a. O., 162–178.

Bundesministerium für Unterricht und kulturelle Angelegenheiten (Hrsg.) (1999): Die Radio-Box. Materialien zur Medienerziehung, Wien.

Dietze, L. (2000): Soundscapes – Klanglandschaften, Soundwalks – Klangspaziergänge. Drei Projekte zum Zuhören. In: Huber & Odersky, a. a. O., 92–103.

Dillmann, E. (2001): Hören lernen durch „Hören machen". Das Projekt „Kinder machen Radio" des Bayerischen Rundfunks. In: Kahlert u. a., a. a. O., 119–132.

Friedrich, G. (2000): Die Stimme und ihre Wirkungen. In: Huber & Odersky, a. a. O., 58–71.

Huber, L. & Odersky, E. (Hrsg.) (2000): Zuhören – Lernen – Verstehen, Braunschweig.

Kahlert, J.; Schröder, M. & Schwanebeck, A. (Hrsg.) (2001): Hören. Ein Abenteuer, München,

Kahlert, J. (2003): Arbeit mit Hörspielen. In: Reeken, D. v. (Hrsg.): Handbuch Methoden im Sachunterricht. Baltmannsweiler, 141–146.

Landesinstitut für kulturelle Jugendbildung (1997): Abenteuer Radio, Stuttgart.

Paus-Haase, I.; Aufenanger, S.& Mattusch, U. (2000): Hörfunknutzung von Kindern.

Peinecke, C. (1996): Kriterien zur Bewertung von Tonträgern für Kinder. In: Schill, W. & Baacke, D. (Hrsg.): Kinder und Radio. Zur medienpädagogischen Theorie und Praxis neuer Medien, 166–169.

Autorinnen/Autor:

Marga Kajanne (Anregung 8–15),
Kerstin Meier (Anregung 1, 4–7),
Michaela Valentin-Brunner (Anregung 2, 3),
Bearbeitung: Joachim Kahlert

1 Geräusche-Paare

Ziel(e): gleiche Geräusche erkennen können
Jahrgangsstufe(n): alle (ab 10 Kinder)
Zeit: 10 Minuten
Ort: Klassenraum
Material/Medien: keine oder jeweils zwei gleiche Haushaltsgegenstände

Ablauf:
- Acht Kinder stehen in einer Reihe.
- Jeweils zwei Kinder machen das gleiche Geräusch.
- Nun wird ein Kind mit verbundenen Augen zu jedem der acht Kinder geführt. Es hört sich alle Geräusche an und sagt zum Schluss, welche zwei Kinder jeweils das gleiche Geräusch hervorbrachten.

2 Der Jäger schießt, der Jäger schaut

Ziel(e): genaues Hören auf Signal, Unterscheiden ähnlich klingender Wörter, genaues Beachten von Konsonanten/Wortanfängen
Jahrgangsstufe(n): ab 1. Klasse
Zeit: etwa 5 Minuten
Ort: Klassenraum

Ablauf:
- Die Kinder stehen hinter ihren Stühlen bzw. verteilt im Raum. Die Lehrerin/der Lehrer gibt nun wechselnde Kommandos:
- Der Jäger schießt: Alle Schüler sind Hasen und ducken sich.
- Der Jäger liest: Alle lesen pantominisch Zeitung, ein Buch ...
- Der Jäger niest: Alle führen die Hand zum Mund und niesen laut.
- Der Jäger gießt: Alle gießen mit einer imaginären Gießkanne.
- Der Jäger schaut: Alle spähen in die Ferne.
- Die Schüler führen die vereinbarten Gesten aus. Ertönt dasselbe Kommando mehrmals hintereinander, müssen die Kinder ihre Position halten.
- Wer eine falsche Bewegung macht, scheidet aus und setzt sich.
- Schwieriger wird das Spiel, wenn zum Kommando falsche Gesten ausgeführt werden.

3 Indianer schleichen sich an

Ziel(e): ruhige Bewegungen, Wahrnehmung leiser Geräusche
Jahrgangsstufe(n): ab 1. Klasse
Zeit: etwa 5 Minuten
Ort: Klassenraum

Ablauf:
- Zwei Schüler stellen sich mit dem Gesicht zur Wand in zwei verschiedene Ecken. Sie sollen auf die entstehenden Geräusche hören.
- Die anderen Kinder sitzen oder liegen entspannt im Raum, z. B. mit geschlossenen Augen, den Kopf auf den Armen.
- Sobald die Lehrerin/der Lehrer die liegenden Kinder antippt, stehen sie auf und bewegen sich möglichst lautlos in die gezeigte Ecke. Dort bleiben sie schweigend stehen.
- Sind alle Kinder auf die beiden Ecken verteilt, werden die beiden Lauscher gefragt, wie viele Indianer sich wohl hinter ihnen angeschlichen haben.
- Dann drehen sie sich um und vergleichen die Anzahl der Kinder mit ihrer Schätzung.

4 Stimmen raten

Ziel(e): Stimmen erkennen und Stimmvariationen erproben
Jahrgangsstufe(n): alle (ab 7 Teilnehmer)
Zeit: 10 Minuten
Ort: Klassenraum
Material/Medien: Stimme

Ablauf:
- Der Spielleiter verlässt mit einem Kind, dem die Augen verbunden werden, kurz den Raum.
- In seiner Abwesenheit sprechen sich die anderen Teilnehmer ab, welches Stimmsprachmuster sie wählen (z. B. Lolala).
- Der Spielleiter führt das Kind zurück in den Raum. Er zeigt nun auf ein Kind, das dann im verabredeten Stimmmuster singt oder schreit oder flüstert.
- Alle sind darauf gespannt, welche Teilnehmer an ihrer Stimme erkannt werden.
- Derjenige, der nicht erraten wird, darf sich als nächster die Augen verbinden lassen.

5 Zauberklang

Ziel(e): Freude am Inszenieren von Geräuschmusik und szenischer Darstellung
Jahrgangsstufe(n): alle (mindestens 10 Teilnehmer und einige Zuschauer)
Zeit: 30 Minuten
Ort: Klassenraum
Material/Medien: Instrumente
Körperinstrumente
Materialien aus dem Klassenzimmer oder Haushalt

Ablauf:

- Ein Kind verkleidet sich als Zauberer.
- Die anderen suchen sich beliebige Instrumente, mit denen sie kurz im selbstgewählten Rhythmus Klänge oder Geräusche hervorbringen können.
- Nach einer kurzen Zeit zum Erproben der Instrumente schlüpfen die Kinder einzeln oder in kleinen Gruppen mit ihren Instrumenten unter Tücher oder Decken.
- Der Raum wird verdunkelt.
- Nun dürfen die Zuschauer den Raum betreten.
  Dabei darf ein Zuschauer mit einer Taschenlampe den Zauberer und sein Tun ins Licht setzen.
- Der Zauberer enthüllt nun ein Kind bzw. eine Gruppe nach der anderen.
  Dabei spielt das Kind oder die betreffende Gruppe sein/ihr kleines Klangstück vor.
- Der Zauberer darf durch einen Wink mit seinem Zauberstab entscheiden, wann das jeweilige Kind oder die betreffende Gruppe aufhören soll zu spielen.
- So entsteht ein Musikstück, das Teilnehmern und Zuschauern viel Freude bereiten kann.

6 Reizklanggeschichten

Ziel(e): Anregung der Fantasie durch Klänge und Inspiration zum Erzählen von Geschichten
Jahrgangsstufe(n): alle (ab 2 Teilnehmer)
Zeit: ab 10 Minuten, je nach Teilnehmerzahl
Ort: Klassenraum
Material/Medien: Instrumente, Körperinstrumente und andere Klangerzeuger

Ablauf:
- Mit entsprechenden Pausen werden einleitend von einem Spielteilnehmer drei Klänge erzeugt.
- Der oder die anderen Teilnehmer schließen beim Hören die Augen und lassen mit geschlossenen Augen in ihrer Fantasie eine kurze Geschichte entstehen, in der die Klänge vorkommen.
- Nach einer kurzen Zeit erzählen die Kinder ihre Geschichten.

7 Geräuschehit

Ziel(e): Rhythmisches Zusammenspiel mit Körperinstrumenten
Jahrgangsstufe(n): alle
Zeit: 5 Minuten
Ort: Klassenraum, überall
Material/Medien: CD oder Musikkassette

Ablauf:
Zu einem beliebten Musikhit der Kinder gibt es folgende Gestaltungsmöglichkeit:
Die Kinder bilden Klatsch-, Trampel-, Schnips- und Schnalzgruppen.
Diese Kleingruppen bilden einen Kreis um die Tanzenden und feuern sie im Rhythmus des jeweiligen Tanzes an.

Handlungsfeld II: Wir machen Hören

„Erfahrene" Hörclubkinder möchten, nachdem sie einige Hörgeschichten und Hörspiele kennengelernt haben, selbst Aufnahmen machen. Diese Erfahrung entspricht den Erkenntnissen der Medienforschung, nach der Kinder Medien nicht nur konsumieren wollen. Vielmehr haben sie auch den Wunsch, sich an der Produktion von medialen Angeboten zu beteiligen (vgl. Paus-Haase u. a. 2000).

Technische Hinweise

Einfache Hörspiele folgen dem Muster Sprache – Geräusch – Sprache. Damit entfällt das Schneiden. Sollen Geräusche und Sprache übereinandergemischt werden, kann man entweder mit einem Doppeldeck arbeiten oder einfach zwei Kassettenrekorder zur gleichen Zeit laufen lassen. Wer es professioneller gestalten möchte, kann sich um Exkursionen zum örtlichen Radio oder zur Landes- bzw. Kreisbildstelle bemühen. Der Besuch eines Tonstudios gibt Einblick in die Arbeit am Mischpult. Wie der von der Bund-Länder-Kommission für Bildungsplanung und Forschungsförderung unterstützte bayerische Modellversuch zeigt, sind Grundschulkinder bei entsprechender Vorbereitung auch in der Lage, EDV-Schneideprogramme auf dem PC zu nutzen (vgl. www.ganzohrsein.de).

Medienkompetenz anbahnen

Einen informierenden und leicht verständlichen Überblick über technisch wissenswerte Details zum sachgerechten Umgang mit Mikrofon, Mischpult, Kabel, Stecker und vielem mehr findet sich in der vom österreichischen Bundesministerium für Unterricht und kulturelle Angelegenheiten (1999) herausgegebenen Radio-Box.

Bei der Produktion eigener Hörspiele gewinnen Kinder Einblick in die Gestaltung und Wirkungsweise von Hörmedien, die eine hohe Präsenz im Kinderalltag besitzen (vgl. Klingler 1996) und erfahren Gestaltungskompetenz im Umgang mit Medien (vgl. Baacke 1999; Kahlert 2003; Landesinstitut für kulturelle Jugendbildung 1997).

Soziales Lernen

Darüber hinaus fördert die Erarbeitung von Hörspielen das Vorstellungsvermögen und die Empathie der Schülerinnen und Schüler. Sie bereiten eigene Erfahrungen, einen Sachverhalt, Beziehungen oder Gegenstände so auf, dass sie allein über den Hörsinn sinnvolle und interessante Informationen und Vorstellungen bei anderen erzeugen bzw. anregen. Um die entsprechenden Fähigkeiten aufzubauen, beginnt man am besten mit Kleinproduktionen, wie sie auf den Seiten 14 bis 18 beschrieben sind.

8 Die „Ein-Satz-Geschichte"

Ziel(e): beim Sprechen variieren
Jahrgangsstufe(n): ab 2. Klasse
Zeit: ab 20 Minuten
Ort: Klassenraum
Material/Medien: Kassettenrekorder

Ablauf:

- Die Kinder erhalten einen Satz:
  „Im Wald, da stehen Tannen, im Schrank sind viele Kannen."
  Sie finden in Gruppen verschiedene Möglichkeiten, wie man diesen Satz sprechen kann.
- Nachdem diese Möglichkeiten geübt und verfeinert wurden, werden sie aufgenommen:
  mit verschiedenen Stimmlagen (von hoch bis tief)
  mit unterschiedlichen Tempi (von langsam bis schnell)
  mit verschiedenen Lautstärken (von kaum hörbar bis laut schreiend)
  unterschiedliche Stimmungen ausdrückend (traurig – fröhlich – wütend – lachend – weinend – geheimnisvoll – drohend – sachlich usw.)
  mit Geräuschen unterlegt (Wind- und Astknacken, quietschende Schranktür)

9 Alltägliche Ereignisse – in Szene gesetzt

Ziel(e): Dramaturgie üben
Jahrgangsstufe(n): ab 1. Klasse
Zeit: ab 5 Minuten
Ort: Klassenraum

Ablauf:

Die Kinder überlegen sich in Kleingruppen alltägliche Handlungen, die sie vorführen, dabei auf verschiedene Weise (spannend, geheimnisvoll, unterhaltsam, aufgeregt) ausdrücken und mit passenden Geräuschen unterlegen.
Solche Themen sind zum Beispiel:
„Franziska putzt ihre Zähne."
„Verena spitzt einen Bleistift an."
„Niels gießt den Kaktus."
„Luis wischt die Tafel." („und langsam mit zartem Druck führt er den Schwamm rauf und runter – nein! – er hat tatsächlich die Richtung gewechselt!")

Banale Tätigkeiten werden so spannend und detailliert erzählt, dass sie einen außergewöhnlichen Anstrich für die Kinder bekommen und so reizvoll für eine Tonaufnahme werden.

siehe Hörbeispiel Nr. 1

10 Stegreif-Reportagen „aus aller Welt"

Ziel(e): spontanes Sprechen und Fragen
Jahrgangsstufe(n): ab 2. Klasse
Zeit: ab 30 Minuten
Ort: Klassenraum
Material/Medien: Fotos, Ansichtskarten, Musik, Kassettenrekorder

Ablauf:

- Die Kinder bringen Fotos oder Postkarten aus ihrem Urlaubs- oder Heimatorten mit, auf denen möglichst viel zu sehen ist. Damit eine fiktive Livereportage möglichst echt klingt, wird eine passende Musik aus der jeweiligen Region bzw. dem jeweiligen Land gesucht, um sie als „Atmo" zu unterlegen.
- Die Kinder finden sich zu den ausgesuchten Bildern in kleinen Gruppen zusammen und erfinden eventuell noch ein Ereignis, das dort gerade stattfinden könnte.
  Die „ortskundigen" Kinder können meist Vorschläge einbringen und spielen dann auch die Reporterin bzw. den Reporter.
- Die Reporterin beschreibt, während die Musik läuft, aus dem Stegreif die Landschaft bzw. das Ereignis, das dort gerade stattfindet, und interviewt die anwesenden Touristen oder Einheimischen.
- Die Antworten kommen spontan; möglich ist auch, dass die Gruppe sich vorher abspricht. Auswendiglernen oder Ablesen ist nicht erlaubt.

Die Erfahrung zeigt, dass solche Aufnahmen den Kindern großen Spaß bereiten. Besonders ausländische Kinder bringen mit Freude ihre Kenntnisse aus dem Heimatland ein.

siehe Hörbeispiel Nr. 2

11 Geräuscherätsel

Ziel(e): Anlegen einer Sammlung von Originalgeräuschen
Jahrgangsstufe(n): ab 1. Klasse
Zeit: ab 5 Minuten
Ort: überall
Material/Medien: Kassettenrekorder

Ablauf:

- Im Rahmen von Hörclubstunden oder als freiwillige Hausaufgabe werden verschiedene Geräusche in der eigenen Wohnung, im Schulhaus oder draußen auf dem Pausenhof, auf dem Spielplatz, im Stadtviertel, bei Freizeitaktivitäten usw. aufgenommen.
- Diese Originalgeräusche werden von den anderen gerne erraten.
- Wenn sie auf einer Geräusch-Kassette archiviert werden, stehen sie für spätere Hörspielaufnahmen als „Atmo" zur Verfügung.

siehe Hörbeispiele Nr. 3 und 4

12 „Geräuschewerkstatt" oder „Was tun, wenn kein Meer in der Nähe ist?"

Ziel(e): Geräusche imitieren
Jahrgangsstufe(n): ab 1. Klasse
Zeit: ab 15 Minuten
Ort: Klassenraum
Material/Medien: Kassettenrekorder, Material zum Produzieren von Geräuschen

Oft ist es nicht möglich, passende Originalgeräusche aufzunehmen: Das Meer ist weit weg, es besteht keine Aussicht auf ein Gewitter, in unserem Viertel klappern keine Pferdehufe über Pflasterwege ...
Was also tun, wenn wir trotzdem für Hörspielaufnahmen auf diese Geräusche nicht verzichten wollen? Wir werden zu Geräuschemachern, sammeln Materialien für unsere Geräuschewerkstatt und probieren sie aus.

Ablauf:
- Dabei bilden die Hörclubkinder mindestens zwei Gruppen, sie ziehen sich in verschiedene Räume zurück und versuchen, mit den Materialien möglichst originalnahe Geräusche herzustellen.
- Die Hörclubleiter können Tipps geben oder auch von vornherein Geräuscherezepte verteilen.
- Die Geräusche werden aufgenommen.
- Wenn beim gegenseitigen Vorspielen der Aufnahmen die angestrebten Originalgeräusche erraten werden, dann ist die Simulation gelungen.
- Es ist ideal, wenn in einem Hörclubraum Platz für eine Schatzkiste mit den Geräuscherzeugern vorhanden ist.

Tipps für die Produktion von Geräuschen:
Der Eindruck von Wasserwellen entsteht zum Beispiel durch Bewegen der Hand in einer Plastikschüssel mit Wasser, sodass das Wasser an den Rand der Schüssel anschlägt. Der Eindruck von Regen lässt sich simulieren, indem eine Handvoll getrockneter Erbsen auf einem Sieb gerollt werden.

13 Schreck auf dem Jahrmarkt

Ziel(e): Hörspiele aus aktuellem Anlass erfinden und produzieren
Jahrgangsstufe(n): ab 1. Klasse
Zeit: etwa 90 Minuten (ohne Aufnahme der Jahrmarktsgeräusche)
Ort: Originalschauplätze, Klassenraum
Material/Medien: Aufnahmegerät, Mikrofon, Wiedergabegerät, Kassette mit Originalgeräuschen eines Jahrmarktes

Mit der Produktion eigener Hörspiele schaffen und gestalten fortgeschrittene Hörclubkinder für Hörer Hörereignisse. Dabei wenden sie die vorausgehenden Erfahrungen und Kenntnisse über die Wirkung von Geräuschen, Klängen und Stimmen an.
Beim Erfinden von Hörspielen aus aktuellem Anlass können die Hörclubkinder ihrer Fantasie und ihrem Einfallsreichtum freien Lauf lassen und auch die Schätze aus der Geräuschewerkstatt einsetzen.
Die Anregung 13 zeigt dazu konkrete Möglichkeiten auf. Mit dem Hintergrund von Originalgeräuschen eines Jahrmarktes werden kurze Dialoge aufgenommen.

Der Anlass
Während in München ein Jahrmarkt stattfand, hatten die Hörclubkinder aus den ersten beiden Jahrgangsstufen beschlossen, ein eigenes Hörspiel zu „erfinden". Die Geschichte sollte mit Originalgeräuschen auf dem Jahrmarkt spielen.

Besorgen der Originalaufnahmen
Da schnell klar wurde, dass wir zu den Aufnahmen nicht alle auf den Jahrmarkt gehen konnten (Zeit, technische Probleme), erklärten sich Eltern bereit, mit einigen Kindern an einem Wochenende Originalgeräusche vom Jahrmarkt aufzunehmen.

Festlegen des Ereignisses
Während des Abspielens der Geräuschkassette im Hörclub überlegten die Kinder gemeinsam, was sich auf einem Jahrmarkt alles ereignen könnte (Kinder verlieren ihre Eltern, Geschwister, Freunde aus den Augen; eine Geldbörse wird gestohlen; es passiert ein Unfall mit der Schiffsschaukel usw.). Sie einigten sich schnell auf das Ereignis: Ein Kind findet seine Geldbörse nicht mehr, Freunde helfen suchen, Ausgang noch offen.

Ablauf:
- Der Ablauf und die Sprecher wurden von Szene zu Szene bestimmt.
- Ein Schüler war für das Einspielen der „Atmo" verantwortlich.
- Die Aufnahmen entstanden aus dem Stegreif, wurden sofort abgehört und nach Kritik verbessert.
- Erst zum Schluss stellte sich heraus, dass die Geldbörse nicht verloren wurde. Sie war vorher im Rucksack übersehen worden.
- Abspann mit Namen der Mitwirkenden
- Die fertige Produktion wird gelobt/kritisiert, für die Mitwirkenden vervielfältigt und in allen Klassen vorgestellt.

14 Eine Geräuschegeschichte

Ziel(e): Hörspielproduktion aus Geräuschebausteinen
Jahrgangsstufe(n): ab 4. Klasse (Gruppenstärke 4–6 Teilnehmer)
Zeit: etwa 45 Minuten
Material/Medien: für jede Gruppe ein Aufnahmegerät, ein Mikrofon, ein Abspielgerät und eine Kassette mit sechs Geräuschen. Die Geräusche werden entweder vom Lehrer/Hörclubleiter selbst aus vorhandenen Geräuschekassetten zusammengestellt oder von jeder Gruppe selbst vorher geheim aufgenommen und dann ausgetauscht.

Ablauf:
- Jede Gruppe erhält eine Kassette mit sechs Geräuschen, die klar voneinander getrennt und zu unterscheiden sind.
- Die Kinder hören sich die Geräusche an.
- Sie erhalten die Aufgabe, eine kleine Geschichte zu erfinden, in der die vorgegebenen Geräusche passend eingefügt werden sollen. Ein Geräusch darf natürlich auch mehrmals vorkommen.
- Die Kinder nehmen die Geschichte auf und fügen an entsprechender Stelle die Geräusche ein.
- Die Gruppen spielen sich die Geschichten vor, stellen Fragen und machen lobende bzw. kritische Anmerkungen.

15 Die Geschichte vom kleinen Maulwurf, der wissen wollte, wer ihm auf den Kopf gemacht hat

Ziel(e): Hörspielproduktion frei nach einem Kinderbuch
Jahrgangsstufe(n): ab 3. Klasse
Zeit: für die Aufnahme etwa 90 Minuten, für die Vorbereitung etwa 45 Minuten
Material/Medien: Aufnahmegerät, Mikrofon, evtl. Wiedergabegerät für Geräuschkassetten; Kinderbuch „Die Geschichte vom kleinen Maulwurf, der wissen wollte, wer ihm auf den Kopf gemacht hat" von Werner Holzwarth; Geräuschemacher (Bohnen, nasser Lappen usw.)

Ablauf:
- Auswahl eines Hörstücks ohne Skript aus mehreren Vorschlägen
- Kinder legen dafür Kriterien fest: es sollte lustig sein, keine lange Aufnahmezeit, keine langen Lern- oder Lesepassagen
- eine Liste mit den benötigten Geräuschen aufstellen, getrennt nach Tiergeräuschen (Stimmen, Geräuschkassette) und Begleitgeräuschen (z. B. das Fallen des Kuhfladens = nasser Lappen)
- Rollenverteilung für Tiere, Erzähler, Ansager
- Auswahl einer Eingangsmelodie
- Durchführung der Aufnahme und Abspann mit Namen der Mitwirkenden
- Anhören des Stückes und kritische Anmerkungen

siehe Hörbeispiel Nr. 5

Umwelt als Klangereignis erfahren und gestalten

Wie hört sich das an?

Lärm und Klang in der Umwelt, Klagen über Lärm, akustische Überreizung und störende Geräusche sind heute verbreitet. Die Anlässe für die empfundene Belästigung und Belastung durch Lärm dürften sich mit zunehmender Verdichtung unserer Lebensweise und der damit verbundenen Vielfalt von Aktivitäten, mit denen Geräuschentwicklungen verbunden sind, eher vermehren. Überall dort, wo viele Menschen zusammenkommen, entwickelt sich eine Geräuschkulisse als Ausdruck etlicher Aktivitäten und kommunikativer Ereignisse. Rasch gewöhnt man sich an die mangelnde akustische Qualität der Umwelt – und leidet doch unter ihr.
Der in der Schule auftretende Lärm belastet Lehrerinnen, Lehrer, Schülerinnen und Schüler, stört die Sprachentwicklung gerade im Grundschulalter und beeinträchtigt Lernsituationen und Leistungsentwicklung (vgl. Huber; Kahlert & Klatte 2002).

Die Höratmosphäre gestalten

Zwar begünstigt eine unzureichende Akustik von Klassen- und sonstigen Schulräumen die Entwicklung von lern- und leistungsstörendem Schall in der Schule (vgl. Mommertz 2002; Vorländer 2002). Doch wie sich die akustischen Rahmenbedingungen, die zumeist nicht ohne größeren Bauaufwand zu verändern sind, auf die konkrete Atmosphäre auswirken, ist nicht nur eine Folge der baulichen und räumlichen Gegebenheiten.

Auch der Umgang der Menschen mit dem Raum, ihre Erfahrungen des Raumes und ihre Bereitschaft, Raumeindrücke mitzugestalten, tragen zur akustischen Qualität im Lern- und Arbeitsraum Schule bei.

Sich über Lärm zu beschweren und sich mit unterschiedlichen Mitteln gegen ihn zu schützen ist verbreitet, aber eher reaktiv. Man hört, was man zu hören bekommt.

Eine andere Möglichkeit ist es, für die Qualität und für die Gestaltbarkeit des Hörens zu sensibilisieren. Wer gezielt hört und hinhört, lauscht und sich konzentriert, nimmt Geräuscheindrücke wahr, die sonst im Lärm des Alltags untergehen.

Es geht darum, Geräusche zu entdecken, ihnen nachzuspüren und zu erfahren, dass sich der Klang der Umwelt verändern lässt – und zwar sowohl durch bewusstes Hören als auch durch Veränderungen in der Umwelt. Im Vordergrund steht deshalb nicht der Kampf gegen den Lärm, sondern die Gestaltung einer als angenehm empfundenen Höratmosphäre.

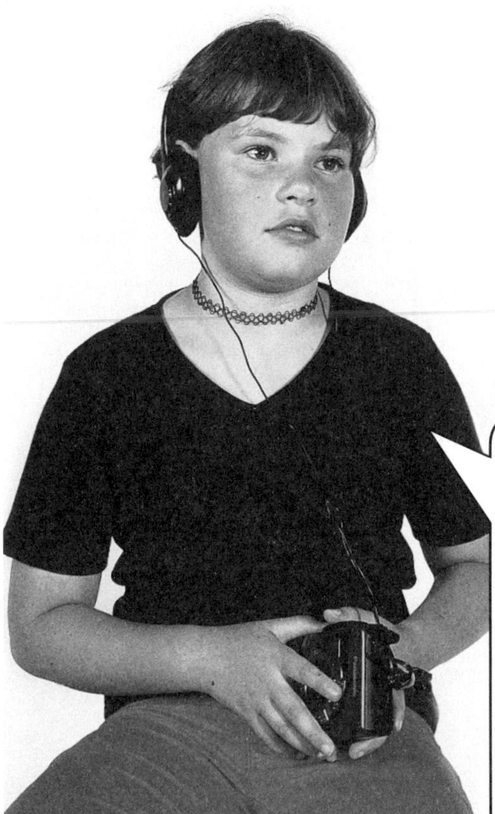

„Ich habe mir früher, wenn ich meine Ruhe wollte, eher die Decke über den Kopf gezogen und gar nichts machen wollen. Und jetzt, wenn ich manchmal wütend bin, mache ich einfach eine CD von Mozart an, das beruhigt mich dann irgendwie. Oder wenn ich Vögel draußen höre, dann konzentriere ich mich auf die. Und wenn man sich auf etwas konzentriert beim Hören, dann vergisst man alles, was im Hinterkopf noch ist und man beruhigt sich auch ein bisschen innerlich …"

Ein akustikökologischer Ansatz

Die Umwelt, in der man sich aufhält, arbeitet und lernt, wird dabei in Anlehnung an Murray Schafer, einem kanadischen Musikprofessor, als „Soundscape", also als Klanglandschaft, begriffen.

Dieser akustikökologische Ansatz zielt darauf
- für die in der Umgebung charakteristischen Geräusche zu sensibilisieren,
- das Hören zu differenzieren und Geräusche bewusst zu bewerten,
- auf Möglichkeiten zur Gestaltung der akustischen Umweltqualität aufmerksam zu machen,
- die Verantwortung jedes Einzelnen für die akustische Qualität seines Handlungs- und Kommunikationsraumes erfahrbar und bewusst zu machen.

Überblick über diesen Baustein

Das Handlungsfeld I (Seite 21-26) bietet verschiedene Kurzübungen, die auf das bewusste Hineinhören in die Umwelt vorbereiten.

Im **Handlungsfeld II** (Seite 26-29) geht es darum, mittels Hörspaziergängen und einem Klangparcours die Klangqualität der Umwelt zu erfahren, die Vielfalt von Klängen und Geräuschen in der Umwelt wahrzunehmen und sich über Schall- und Klangereignisse auszutauschen.

Foto: Mechthild Hagen

Handlungsfeld III (Seite 30-31) enthält Vorschläge für die gezielte akustische Erkundung des Schulhauses. Und im **Handlungsfeld IV** (Seite 32-36) werden Anregungen zur Verbesserung der akustischen Qualität von Schul- und Klassenräumen gegeben.

Zum Weiterlesen:

Bernius, V. & Dietze, L. (2000): Man sieht ja mit den Ohren: Materialien zum Thema Hören.

Dietze, L. (2000): Soundscapes – Klanglandschaften, Soundwalks - Klangspaziergänge. Drei Projekte zum Zuhören. In: Huber & Odersky, a. a. O., 92–103.

Huber, L. & Odersky, E. (Hrsg.) (2000): Zuhören – Lernen – Verstehen, Braunschweig.

Huber, L.; Kahlert, J. & Klatte, M. (Hrsg.) (2002): Die akustisch gestaltete Schule. Auf der Suche nach dem guten Ton, Göttingen.

Kamps, P. & Oberdörster, M. (2002): Akustik in Klassenzimmern – ein Forschungsbericht. In: Huber, Kahlert & Klatte, a. a. O., 89–100.

Köhnlein, W. (1997): Schallphänomene erkunden. In: Sache Wort Zahl, Heft 25, 4–8.

Mommertz, E. (2002): Muss es im Unterricht immer so laut sein? Bauliche Maßnahmen zur Lärmreduzierung. In: Huber, Kahlert & Klatte, a. a. O., 101–116.

Schafer, R. M. (2002): Anstiftung zum Hören. Hundert Übungen zum Hören und Klänge machen. Aarau.

Vorländer, M. (2002): Raumakustik und Sprachverstehen. Akustisches Wissen für die Praxis. In: Huber, Kahlert & Klatte, a. a. O., 117–128.

Wiedenmann, M. (2002): Lärmdetektive erforschen Krach im Klassenzimmer und in der Schule. In: Sache Wort Zahl, Heft 43, 45–50.

Autorinnen/Autoren:

Petra Gewald-Heine (Anregung 21, 30),
Joachim Kahlert (Anregung 25–27, 35–36),
Kerstin Meier (Anregung 30),
Birgit Rechtenbacher (Anregung 30),
Ulrike Roos (Anregung 32–34),
Sandra Schrade (Anregung 20),
Sybille Streuff (Anregung 20),
Gabriele Vogt (Anregungen 16–24, 28, 29),
Maike Weber (Anregungen 16–20, 28–30),
Gerhild Wortmann (Anregung 31),
Bearbeitung: Joachim Kahlert

16 Klang des Tages

Ziel(e): (gilt für die Anregungen 16–25)
Die einzelnen Anregungen dieses Handlungsfeldes zielen darauf
- auf den Tag einzustimmen,
- Stille und Konzentration zu erleben, die Hörwahrnehmung zu differenzieren,
- das Gespräch über Geräuschwahrnehmungen anzuregen.

Jahrgangsstufe(n): alle Klassen
Zeit: 3 bis 10 Minuten
Material/Medien: klangerzeugende Gegenstände

Ablauf:
Zu Beginn des Tages wird von der Lehrerin/dem Lehrer ein besonderer Klang vorgestellt. Hierbei kann es sich um ein Regenrohr, eine Klangschale, eine Tonpfeife oder ähnliche außergewöhnliche Geräuscherzeuger handeln. Wenn den Schülern das Ritual bekannt ist, übernehmen sie selbst die Vorstellung von Geräuschen.

17 Klangkugeln

Ziel(e): siehe Anregung 16
Jahrgangsstufe(n): alle Klassen
Zeit: 3 bis 10 Minuten
Material/Medien: Klangkugeln

Ablauf:
Für den Einsatz der Klangkugeln im Morgenkreis bieten sich verschiedene Varianten an: Im Kreis werden die Kugeln klingend herumgegeben, einander zugerollt, möglichst geräuschlos weitergegeben oder auch zur Begrüßung eingesetzt: „Guten Morgen, Regina", bis alle Schüler begrüßt worden sind.

Die Kinder schließen die Augen. Die Lehrerin/der Lehrer geht mit den Klangkugeln durch den Raum und legt sie an einem Ort ab. Ein Schüler soll dem Klang nachgehen und die Kugeln finden.

18 Überraschungseier

Ziel(e): siehe Anregung 16
Jahrgangsstufe(n): alle Klassen
Zeit: 3 bis 10 Minuten
Material/Medien: Überraschungseier bzw. Walnüsse, Kastanien, Holzperlen ...

Ablauf:
Jedes Kind nimmt sich zwei Überraschungseier.
Dann werden verschiedene Rhythmen gemeinsam auf dem Boden, auf dem eigenen Körper oder auf dem des Nachbarn geklopft.
Wichtig: gefühlvoll klopfen, sonst zerbricht das Ei.
Dabei können Namen oder kurze Sätze rhythmisiert werden.
Denkbar sind auch unterschiedliche Gruppen (Kanon, Ostinato).
Varianten: Anstelle der Überaschungseier verwendet man Walnüsse, Kastanien, Holzperlen usw.

19 Wie lang ist eine Minute?

Ziel(e): siehe Anregung 16
Jahrgangsstufe(n): alle Klassen
Zeit: 3 bis 10 Minuten
Material/Medien: Wecker, Xylofon

Ablauf:
Die Schüler sitzen im Kreis. Sobald der einzelne Schüler meint, dass eine Minute vergangen sei, öffnet er seine Augen oder hebt den Arm. Mit einem Xylofon wird das Startzeichen gegeben.

Um das Zeitempfinden bewusst zu machen, wird ein laut tickender Wecker auf eine Minute gestellt.
Die Kinder sollen still die Zeit vergehen lassen.
Der Wecker läutet. Danach schildern die Kinder ihr persönliches Empfinden zur Länge der Minute.

20 Geräuschsammelsurium

Ziel(e): siehe Anregung 16
Jahrgangsstufe(n): alle Klassen
Zeit: 3 bis 10 Minuten
Material/Medien: geräuscherzeugende Materialien

Ablauf:
- Die Lehrerin/der Lehrer oder die Schüler erzeugen mit verschiedenen Materialien Geräusche: Papier, Klangkugeln, Naturmaterialien, Spielsachen ...
- Die anderen Schüler schließen die Augen und versuchen zu erraten, wodurch das Geräusch erzeugt wurde.
- Möglich ist auch, nur knisterndes Material zu verwenden: Altpapier, Alufolie, Zeitungspapier, Krepppapier, Seidenpapier, Zellophan, unterschiedliche Plastikfolien ...
- Welches Material knistert gerade?

21 Das ist angenehm – das nervt!

Ziel(e): siehe Anregung 16
Jahrgangsstufe(n): alle Klassen
Zeit: 3 bis 10 Minuten
Material/Medien: geräuscherzeugende Materialien

Ablauf:
- Einzelne Schülerinnen und Schüler oder Gruppen wählen nach Erproben verschiedener Materialien Geräusche, die sie als besonders entspannend empfinden.
- Die Geräusche werden den anderen Schülern vorgestellt.
- Variante: „Wohlfühlgeräusche" und „Nervgeräusche" vorstellen.
- Wie wirkten die Geräusche auf uns (angenehm, unangenehm, störend, bekannt, unbekannt, vertraut, merkwürdig ...)?
- Wer empfindet das Geräusch ähnlich, wer ganz anders?

22 Abstimmung mit Joghurtbechern

Ziel(e): siehe Anregung 16
Jahrgangsstufe(n): alle Klassen
Zeit: 3 bis 10 Minuten
Material/Medien: Joghurtbecher, Holzperle

Ablauf:
- Jeder Schüler nimmt einen Becher mit einer Holzperle.
- Sie schütteln den Becher gemeinsam oder als Rhythmusgruppe, rühren langsam von laut nach leise und umgekehrt.

23 Der verklingende Ton

Ziel(e): siehe Anregung 16
Jahrgangsstufe(n): alle Klassen
Zeit: 3 bis 10 Minuten
Material/Medien: nachklingende Gegenstände (Triangel, Gong ...)

Ablauf:
- Die Lehrerin/der Lehrer schlägt einen nachklingenden Ton an.
- Die Schüler verfolgen den Ton mit geschlossenen Augen und öffnen die Augen, wenn sie den Ton nicht mehr hören.
- Alternative: Sie heben einen Arm hoch, wenn der Ton verklungen ist.
- Variante: Die Lehrerin/der Lehrer geht durch den Raum und erzeugt an verschiedenen Stellen des Zimmers Geräusche; die Schüler haben dabei die Augen geschlossen und zeigen auf die Geräuschquelle (Richtungshören).

24 Was sagst du dazu?

Ziel(e): siehe Anregung 16
Jahrgangsstufe(n): alle Klassen
Zeit: ab 5 Minuten
Material/Medien: beliebige Materialien zur Geräuscherzeugung; Stimmgabel oder Musikinstrumente zur Tonerzeugung

Klang oder Ton? Lärm oder Geräusch?

Unsere Sprache unterscheidet verschiedene Schallereignisse. Ein lautes und als störend empfundenes Geräusch wird oft als Lärm bezeichnet. Krach drückt eher einen „polternden Lärm" (Köhnlein 1997) von kurzer Dauer aus. Als Ton bezeichnet man eine einheitliche Schwingung im hörbaren Bereich. Geräusch bezieht sich auf einen Mix von verschiedenen Tönen, deren Schwingungen und Stärken rasch wechseln.
Eher harmonisch zueinanderpassende, abgestimmt wirkende Töne nennt man Klang. Ein Knall ist ein kurzes, aber heftiges Geräusch. Und als Laut bezeichnet man ein mit Bedeutung verbundenes kleines, von anderen unterscheidbares Element im Rahmen eines Kommunikationsmediums (Sprache, Tierlaut, Signallaut).
Im Sprachgebrauch vermengen sich subjektive Wahrnehmung und physikalische Eigenarten.
Der eine empfindet noch als Geräusch, was für den anderen bereits Lärm bedeutet.

Ablauf:
- Der Lehrer/die Lehrerin oder auch Schüler erzeugen verschiedene Töne, Geräusche.
  Handelte es sich dabei um Krach, Lärm, Klang ...?
- Man sollte verschiedene Zuordnungen gelten lassen, aber um Erläuterungen bitten.
- Wer macht zuerst ein Geräusch vor und dann einen Klang?
- Diese Übung kann man auch in Partnerarbeit durchführen:
  Eine Schülerin ist für das Geräusch zuständig, die andere für den Klang.
- Weitere Beispiele für Knall, Laute, Töne, Klänge, Krach und Lärm sammeln lassen.

Die Übungen dienen nicht dazu, Schallereignisse „richtig" zu kategorisieren. Vielmehr soll für Unterschiede der Wahrnehmung und der Ausdrucksweisen von Wahrnehmung sensibilisiert werden.

25 Wer oder was läuft denn hier?

Ziel(e): siehe Anregung 16
Jahrgangsstufe(n): alle Klassen
Zeit: 3 bis 10 Minuten
Material/Medien: keine

Ablauf:
- Ein Kind oder ein Lehrer/eine Lehrerin schlurft, schleicht, hüpft, trampelt, schreitet, läuft, watet durch den Raum.
- Alle anderen schließen die Augen und beschreiben die Gangarten.
- Möglich und sprachfördernd ist die Beschreibung in Bildern: Da schleicht jemand wie ein Dieb; der stampft wie ein Elefant usw.
- Wenn mehrere Kinder spontan einem Bild oder einer Beschreibung zustimmen, dann wechselt der Akteur.

26 Klangparcours mit Hörstationen

Eine Gruppe von Schülern gestaltet für eine andere Gruppe einen Klangparcours mit verschiedenen Hörstationen.

Ziel(e): (gilt für die Anregungen 26–28)
- sich auf Geräusche und Klänge einlassen
- Höreindrücke genießen
- Sensibilisierung für Geräusche, die bewusst nicht mehr oder noch nicht wahrgenommen werden.
- differenzierte, bewusste Wahrnehmung fördern
- Bewertung von Geräuschen, denen man sich nicht entziehen kann (angenehm – unangenehm)
- Interpretation von Alltagsgeräuschen

Jahrgangsstufe(n): ab 1. Klasse
Zeit: ab 60 Minuten
Material/Medien: Gegenstände zur Produktion von Tönen und Geräuschen

Ablauf (Vorplanung): Wo werden welche Hörstationen aufgebaut? Wer führt wen aus der anderen Gruppe?

Aufbau der Hörstationen (etwa 8–12):
Regenrohr, Holzstäbe, Plastikfolien, Gießkanne und Eimer mit Wasser, Papier knüllen, Steine in einem Metallgefäß rollen, Sand umfüllen ...

Nach der Führung aller Gruppenmitglieder:
Wer hat was erkannt? Mit welchem Klangereignis begann die Führung? Mit welchem endete sie? Nun arrangiert die andere Gruppe einen Parcours.

27 I Hörspaziergang I

Ziel(e): siehe Anregung 26
Jahrgangsstufe(n): ab 1. Klasse
Zeit: ab 15 Minuten
Material/Medien: Augenbinde

Während eines Hörspaziergangs ist man unterwegs, um zu hören. Der Spaziergang führt durch den Bereich der Umwelt, der aus Klängen, Geräuschen, Tönen und Lauten besteht. Einen Hörspaziergang kann man für sich alleine, zu zweit oder in der Gruppe durchführen. Sichtbares ist nebensächlich und wird mitunter auch gezielt ausgeblendet – durch Verbinden der Augen, wenn ein Partner des Vertrauens führt.
Wer alleine unterwegs ist oder sich die Augen nicht verbinden lassen mag, bleibt hin und wieder stehen und kann dann die Augen schließen. Während des Hörspazierganges sollte nicht gesprochen werden (vgl. Dietze 2000)

Ablauf:
- Ob alleine, zu zweit oder in Gruppen unterwegs: Für einen vorher festgelegten Zeitraum sollte man hören, nicht sprechen.
- Am Ende des Spaziergangs versucht man, sich an die Hörwahrnehmungen zu erinnern.
- War man zu zweit oder in Gruppen unterwegs, kann man sich über die Höreindrücke austauschen, Gemeinsames und Unterschiedliches in der Wahrnehmung erfassen.
- Für einen Hörspaziergang bieten sich unendlich viele Möglichkeiten und Ziele an. In einer Großstadt dominieren sicher die technischen Geräusche, in einem ländlichen Gebiet eher die Naturgeräusche.

27 II Hörspaziergang II
Variante: sich führen lassen

Ziel(e): siehe Anregung 26
Jahrgangsstufe(n): ab 1. Klasse
Zeit: ab 15 Minuten
Material/Medien: Augenbinde

Beim Hörspaziergang zu zweit besteht die Möglichkeit, dass man sich mit verbundenen Augen führen lässt.

Ablauf:
- Das geführte Kind hat die Aufgabe, auf die Geräusche in der Umwelt zu lauschen.
- Nach einer zuvor festgelegten Zeit oder Strecke wechseln die Rollen: Das Kind, das bisher geführt hat, wird nun geführt.
- Während des Hörspazierganges soll nicht miteinander gesprochen werden (Ausnahme: bei Gefahr).
- Die „blind" Hörenden beschreiben nach der Führung, was sie gehört haben.
- Beschrieben werden zunächst die Geräusche. Dann können Vermutungen angestellt werden, wer oder was dieses Geräusch verursacht hat.
- Wenn verschiedene Paare die gleiche Strecke zur gleichen Zeit gehen, lassen sich Geräuscheindrücke vergleichen. Man kann das Gehörte aufschreiben oder auch in einen Plan einzeichnen.
- Gehen Paare zu unterschiedlichen Zeiten eine Strecke ab, lassen sich sowohl die Höreindrücke als auch die Veränderungen der Ereignisse vergleichen.
- Wenn der zunächst führende Partner anschließend nicht auf der gleichen, sondern auf einer anderen Strecke geführt wird, können die Partner vergleichen, was man als „Nur-Hörender" und was man als „Sehender und Hörender" gehört hat.

Ausweitungsmöglichkeiten:
- Wenn die KInder ihre Eindrücke in einen zuvor erstellten Plan des abgeschrittenen Weges notieren, lassen sich Klangkarten erstellen, die miteinander verglichen werden können.
- Man kann sich dabei an der geschätzten Zeit und/oder an der geschätzten Weglänge orientieren.
- In einer Dreiergruppe ist es möglich, dass der zweite „Sehende" auf einer der Skizzen Klangereignisse notiert. Diese protokollarische Klangkarte kann später mit der „erinnerten Klangkarte" der Geführten verglichen werden: Reihenfolge der Klänge, Orientierung in Raum und Zeit, zeitliche und/oder räumliche Nähe der Klänge ...

Sicherheitshinweise:
- Als Augenbinden eignen sich unter anderem Hals- und Kopftücher, Schals, Schlafbrillen, wie sie in Flugzeugen verteilt werden. Diese Seite enthält eine Anleitung zum Basteln einer Augenmaske.
- Die Kinder müssen zuvor eindringlich auf Gefahren aufmerksam gemacht werden:
  Auf Stolperschwellen achten! Keine Treppen benutzen!
  Auf Hindernisse am Boden achten! Keine Straßen queren!
  Auf Fußgänger, Radfahrer und statische Hindernisse achten (Straßenschilder, Bäume)!
- Niemand wird dazu gedrängt, sich die Augen verbinden zu lassen. Manchen Kindern macht das Angst. In diesem Fall unbedingt darauf verzichten!

Schablone für eine Augenmaske

Anleitung:
- Kopiere das vergrößerte Schnittmuster.
- Schneide die Kopie aus und lege sie auf einen blickdichten weichen Stoff (z. B. schwarzer Filz, Samt oder Ähnliches).
- Schneide den Stoff um das Schnittmuster herum aus.
- Loche die vorgegebenen Markierungen und ziehe ein Band oder ein Gummi durch die Löcher.

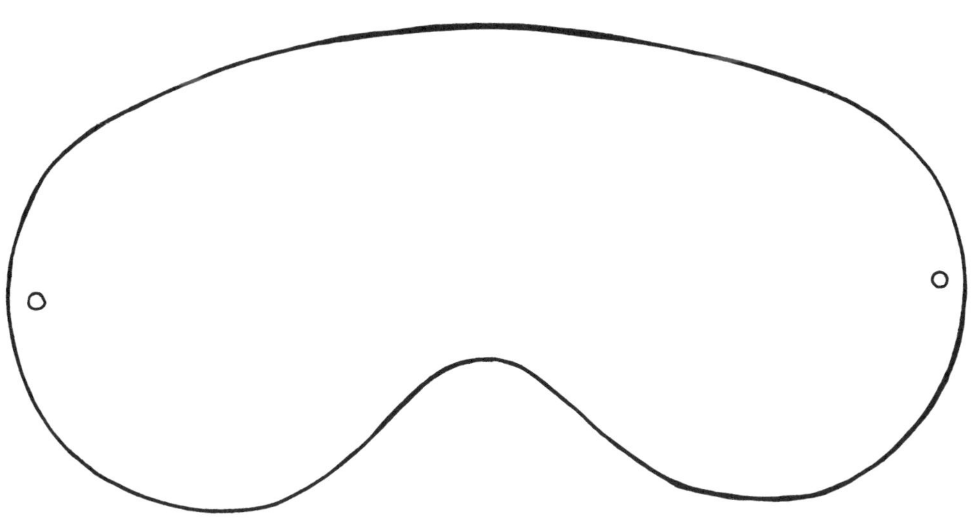

28 Wie hört sich unsere Schule an? Vom Klassenraum zum Schulhaus – erste Erkundungen

Jeden Tag verbringen Schüler viele Stunden im Schulgebäude.
Mehr oder weniger nehmen sie dieses auch akustisch wahr. Die vielfältigen, alltäglichen Geräusche (auch Lärm und sonstige Klänge) sind den Schülern selten bewusst. Daher bietet es sich an, die Geräusche zu benennen, die auf die Schüler einwirken.

Ziel(e): (Anregungen 28-30)
- Durch gezielte Wahrnehmung von Geräuschen und Klängen die Auseinandersetzung mit der Schulumwelt anregen
- Sensibilisierung für akustische Gegebenheiten und Gestaltungsmöglichkeiten am Lern- und Arbeitsort Schule.
- Verantwortung für das eigene Lärm-, Geräusch- und Klangumfeld bewusst und erfahrbar machen

Jahrgangsstufe(n): ab 1. Klasse
Zeit: ab 30 Minuten
Material/Medien: Aufnahmegerät

Ablauf:
- Die Kinder nehmen eine entspannte Haltung ein, auf dem Boden oder auf Sitzgelegenheiten, schließen die Augen und lassen alle Geräusche auf sich wirken. Hierbei soll selbstverständlich nicht gesprochen werden. Drei bis vier Minuten lang hören wir auf Geräusche von außen.
- Im Anschluss werden die verschiedenen Höreindrücke geschildert. Wer hat was gehört?
- Eine darauf aufbauende Möglichkeit ist es, dass der Lehrer zusätzlich Geräusche bzw. Klänge durch Orff-Instrumente und Dinge aus dem Klassenzimmer erzeugt.
- Die Kinder sollen überlegen, wodurch die Töne entstehen. Auch die Schüler können dabei die Lehrerrolle übernehmen.
- Nachdem das eigene Klassenzimmer hörend erkundet wurde, dehnt man den Hörbereich auf das gesamte Schulhaus aus.
- Interessant sind die Klänge der verschiedenen Klassen während des Unterrichts ebenso wie die Klänge einzelner Gänge, der Schulküche, der Turnhalle, des Sekretariats usw.
- Eine zusätzliche Möglichkeit bietet sich durch die Aufnahme mit dem Mikrofon.

Verwendung:
Die Aufnahmen können im späteren Verlauf bei vielen Gelegenheiten Anwendung finden: zum Beispiel als Untermalung für ein Hörspiel oder für ein Theaterstück, für eine Sendung im Schulradio oder als Klangrätsel für andere Klassen.

Varianten:
Es ist für die Schüler ein interessantes Erlebnis, auch die nähere und weitere Umgebung der Schule hörend zu erkunden (Bahnhof, Einkaufszentrum, Kirche, Tierpark, U-Bahn, Wald, Wasser, Wiese ...).
Der Fantasie und den Möglichkeiten sind dabei keine Grenzen gesetzt.

29 Klänge unserer Schule

Ziel(e): siehe Anregung 28
Jahrgangsstufe(n): ab 1. Klasse
Zeit: ab 45 Minuten
Material/Medien: Aufnahmegerät, Wandzeitung

Ablauf:
- Die Schüler gehen gruppenweise durch das Schulhaus und nehmen typische Geräusche auf Kassette auf.
- An den verschiedenen Orten lassen sich über die unterschiedlichen Geräusche Notizen anlegen für eine Klangkarte.
- Wenn man in einer Skizze des Gebäudes Klangereignisse festhält, entsteht eine Klangkarte der Schule; auf Plakatgröße übertragen regt sie auch andere zum Nachdenken und Hinhören an.
- Geräusche werden gemeinsam angehört.
- Geräusche-Quiz (für Schulradio, andere Schulklassen, andere Gruppen): Welche Aktivität erzeugte das Geräusch? In welchem Teil der Schule wurde es aufgenommen?
- Zu den Geräuschen lassen sich Geschichten erfinden.

30 Wie klingt unsere Aula?

Um den spezifischen Klang von Material in Räumen zu erfahren, kann man die Aula, aber auch jeden anderen Raum in der Schule, erkunden.

Ziel(e): siehe Anregung 28
Jahrgangsstufe(n): ab 1. Klasse
Zeit: ab 45 Minuten
Material/Medien: Metallstäbe oder verschiedene Schlägel aus Filz und Holz, Aufnahmegerät

Ablauf:
- Die Kinder schlagen vorsichtig mit Metallstäben und verschiedenen Schlägeln in der Aula an die Wände, auf den Boden, an Fenster, an Metallteile und Einrichtungsgegenstände.
- Die Kinder sammeln diese Klänge auf Kassette.
- Jedes Kind spielt seine drei interessantesten Klänge der Gruppe vor.

31 I Das Treppenhaus als Klangraum I

Schulräume gestalten

Auch ohne aufwendige Umbaumaßnahmen können die akustischen Bedingungen in der Schule verbessert werden. Die Beteiligung der Schülerinnen und Schüler bietet ihnen die Möglichkeit, Verantwortung zu erfahren und zu übernehmen.

Ziel(e): (Anregungen 31-35)

- Gestaltungsmöglichkeiten für die Verbesserung der akustischen Qualität der Umwelt erfahrbar machen (Treppenhaus, Klangwand)
- eigene Verantwortung für die akustische Qualität der Umwelt anbahnen
- Kenntnisse darüber erwerben, mit welchem Material man Schall dämmen kann (Treppenhaus)
- Kenntnisse über die für die Schalldämmung besonders geeigneten Raumteile erwerben (Klassenzimmer)

Jahrgangsstufe(n): ab 1. Klasse
Zeit: ab 45 Minuten
Material/Medien: farbiges Papier, Filterpapier, Gips, Glöckchen, Farben

Ablauf:
Klangfähnchen:

- Die Schüler zeichnen das Ohr ihres Nachbarn, modellieren es aus Gips und schneiden es aus farbigem Papier aus.
- Diese Ohrenabbilder werden auf eine weiße Papierfahne aus Filterpapier aufgenäht zusammen mit Glöckchen verschiedener Größe und mit Texten über das Hören.
- Die Fahne kann im Treppenhaus aufgehängt werden. Sobald sie sich die Fahne im Windzug bewegt, ist ein Rascheln und leises Klingeln zu vernehmen.

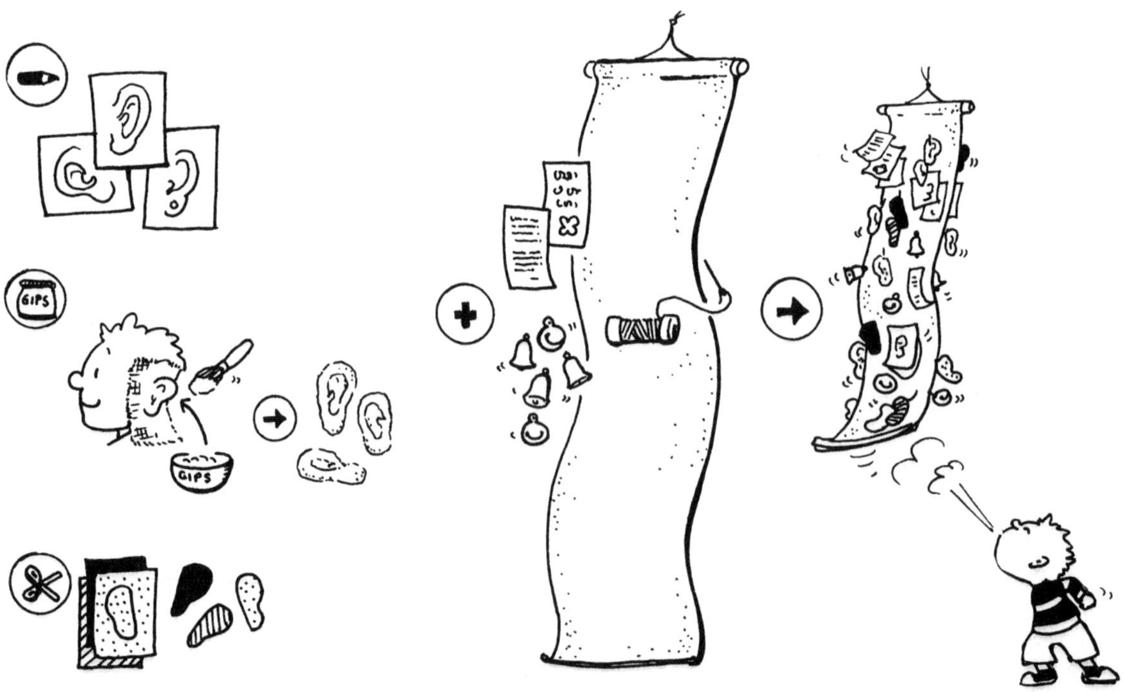

31 II Das Treppenhaus als Klangraum II

Blüten und Schmetterlinge:

- Die Schüler färben Filtertüten, die durch ihre Perforation Lärm absorbieren (Markentüten verwenden mit einer Perforation von 0,1 bis 0,2 mm Durchmesser).
- Alle Farben, die die Lochung nicht verschließen, sind geeignet, also Wasserfarben, Batikfarben sowie Naturfarben aus der Apotheke, die zum Eierfärben angeboten werden.
- Die Tüten werden in die Farbbäder getaucht. Man kann auch mehrere Farben auftupfen oder einzelne Stellen abdecken.
- Nach dem Trocknen sind die Papiere steifer als zuvor und werden zu Blüten mit Blättern zusammengebunden.
- Schmetterlinge lassen sich leicht herstellen, indem man den Falz der Tüten als Körper und Fühler nutzt und die Flügel aus dem doppelten Papier schneidet. Hier muss anschließend gefärbt werden.
- Die Blüten und Schmetterlinge werden an unterschiedlich langen, farbigen Plastikschnüren befestigt, die später im Treppenhaus aufgehängt werden. Wenn dazu Glasperlen aufgefädelt werden, dann bricht sich darin das Licht; Glöckchen am unteren Ende der Schnüre lassen das Gebilde erklingen.
- Mit einem Tacker können die Blüten und Schmetterlinge auch auf einer meterlangen Fahne aus Bühnenmolton, das ebenfalls zur Dämpfung geeignet ist, befestigt werden

Fotos: Mechthild Hagen

Die Schüler haben bei der Blütenherstellung rasche und sichere Erfolge, bei dem Auffädeln sind Ausdauer und Hilfe nötig; die Fahnendekorationen verlangen Zusatzarbeit des Lehrers/der Lehrerin.

32 Eine Klangwand erstellen

Eine von den Schülern erstellte Klangwand bietet die Möglichkeit, Geräusche und Klänge spielerisch zu erproben. Während der Regenpausen oder in der Freizeit kann die Klangwand aufgesucht werden.

Ziel(e): siehe Anregung 31 I
Jahrgangsstufe(n): ab 2. Klasse
Zeit: ab 90 Minuten
Material/Medien: Astgabel, Kronkorken, Rassel, Regenholz, Tamburin, Triangel

Ablauf:
- Die Schüler stellen aus einer Astgabel ein Rhythmusinstrument her.
  Die Astenden werden mit einem Draht verbunden, auf den Kronkorken aufgezogen sind.
- Weitere Instrumente sind zum Beispiel:
  ein großer Holzrahmen mit 8 Metallröhren, die mit einem Klöppel aus Textilmaterial sanft angeschlagen werden, Rassel, Triangel, Regenholz und Tamburin.
- Die Instrumente hängen an einer 3–4 m langen Drahtschnur, die an der oberen Wandkante gespannt wurde und immer wieder anders bestückt wird.
- Die Schüler gehen einzeln oder in Kleingruppen zu den Instrumenten, nachdem sie durch gemeinsame Spiele damit vertraut gemacht wurden.
  Als nichtsprachliches Ausdrucksmittel kann das Spielen mit Klängen deutlich entlastende Funktion haben bzw. gewinnen.

Foto: Mechthild Hagen

33 Das Klassenzimmer wird zur Klangoase

Die Schüler gestalten ihr Klassenzimmer verantwortungsbewusst als „Klangoase" so, dass sie dort „Ganz-Ohr-sein" können.
Sie lernen, welche Bereiche eines Raumes besonders gut den Schall dämpfen können: die Rückwand, die rückwärtigen Ecken, die oberen Zimmerkanten und der Fensterbereich.
Außerdem sammeln sie Erfahrung im Umgang mit Bühnenmolton und Filterpapieren.

Ziel(e): siehe Anregung 31 I
Jahrgangsstufe(n): ab 2. Klasse
Zeit: ab 30 Minuten
Material/Medien: Filtertüten, Draht, Molton, Filz

Ablauf:

- Die Schüler stellen Blüten aus Filtertüten her und stecken sie auf Zweige. Die Zweige werden an einer Drahtschnur befestigt. Die Drahtschnur ist im Raum 15 cm unterhalb der Decke und 10 cm von der Wand entfernt angebracht.
- Über die Drahtschnur hängen die Schüler Filterpapierfahnen, die sie beschriften und bemalen dürfen. Zum Aufschreiben ist vieles geeignet: Regeln zur Rechtschreibung, eigene Gedichte und Texte, Vokabeln ...
- Viele Moltonquadrate in bunten Farben werden vor dem Oberlicht wie ein Vorhang zur Dämmung aufgehängt.
- In die Fenster wird ein Rahmen gestellt mit gefalteten, gefärbten Papierstreifen, die so verflochten sind, dass sie Karten oder z. B. Buchstaben festhalten können.
- Tisch- und Stuhlbeine lassen sich durch Filzkleber dämmen.
- Im Kunstunterricht werden Schilder entworfen: „Bitte nicht stören".

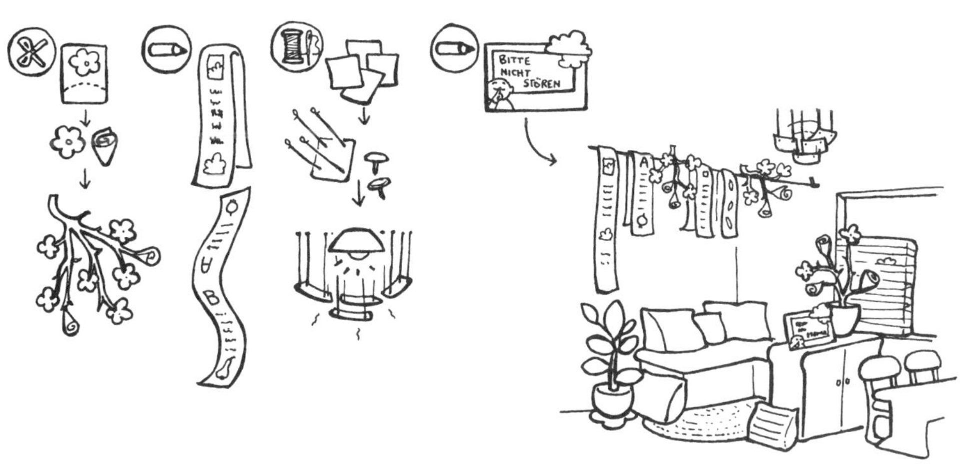

Die drei Entwürfe, die von der Klasse als besonders gelungen angesehen werden, werden laminiert und bei Bedarf aufgehängt.

34 Lärmfreie Zone

So kann in der Schule eine lärmfreie Zone ausgewiesen und eingerichtet werden:

Ziel(e): siehe Anregung 31 I
Jahrgangsstufe(n): alle
Zeit: ab 60 Minuten
Material/Medien: Plakate

Ablauf:
- Das Kollegium berät über die Idee und über geeignete Räume.
- In den Schulklassen wird die Idee ebenfalls beraten. Die Kinder äußern sich zu den Raumvorschlägen und ergänzen sie.
- In der lärmfreien Zone herrschen besondere Regeln, über die sich das Kollegium sowie die Klassen untereinander verständigen.
- Plakate und Hinweisschilder, die in einem Wettbewerb der Klassen gestaltet werden, weisen die lärmfreie Zone aus und halten die dort herrschenden Regeln fest.

35 Hör-Male einrichten

Ziel(e): siehe Anregung 31 I
Jahrgangsstufe(n): ab 1. Klasse
Zeit: ab 60 Minuten
Material/Medien: Bastelmaterial, abhängig von den Ideen

Hör-Male regen, wie Denkmäler, zur bewussten Wahrnehmung an. An ausgewählten Flächen, Orten und Ecken der Schule wird festgehalten, was einzelne Menschen oder eine Gruppe von Menschen dort zu einem bestimmten Zeitpunkt gehört und assoziiert haben:

- „Wie klang der Ort hier am Mittwoch, den ..., um ... Uhr"?
- „Die Welt klingt ständig und am Donnerstag, den ..., um ... Uhr hörte sich das für mich/uns an dieser Stelle so an: ...".
- Bei ansprechender ästhetischer Gestaltung (Kunstunterricht, Werkunterricht) lädt das Hör-Mal zum Verweilen, „Nachlauschen", Vergleichen ein.

Ohrensehen und Augenhören – ein Festival der Sinne

Hörkunst – Kunst hören

Das Sehen zu fördern und die bildnerische Ausdrucksfähigkeit zu steigern gilt als originäre Aufgabe ästhetischer Bildung, die in der Regel dem Kunstunterricht obliegt. Genaues Sehen und die Entwicklung einer differenzierten Bildsprache sind jedoch nicht selbstverständlich mitgegeben, sondern müssen entfaltet und geübt werden. Dazu sind viele Kinder von sich aus nicht mehr in der Lage. Perfekte „Inszenierungen" in den Medien bieten gebrauchsfertige Lösungen mit dem Anschein alleiniger Gültigkeit. Die eigene Gestaltung wird dagegen schnell als unvollkommen und minderwertig eingestuft. Mit dem Griff nach vorgefertigten Sehmustern gerät jedoch die Entwicklung eigener kreativer Bildlösungen ins Hintertreffen.

Handlungsidee

Bilder zum Klingen bringen

Ohrensehen und Augenhören – damit eröffnen sich neue kreative Zugänge zur Wirklichkeit. Sehen fördern heißt, die Sinne wachzurufen und die Wahrnehmung zu verfeinern, einengende Sehweisen aufzubrechen und das Sehen zu einem Festival der Sinne zu gestalten.
Zwischen Musik und Kunst, zwischen Zeitkunst und Raumkunst im klassischen Sinne wird eine Brücke geschlagen.
Deren innerer Zusammenhalt wird besonders deutlich, wenn beim Hören von Musik Bilder und beim Sehen eines Bildes Klänge assoziiert werden. Seh- und Höreindrücke entfalten in dieser Verknüpfung ihre kreativitätsfördernde Wirkung. So entsteht ein außerordentlich dichter Zugang zu Werk und Künstler, der ganz unterschiedliche Ebenen des Empfindens und Denkens anspricht.

Ziele

Ohrensehen und Augenhören leisten einen Beitrag dazu
- die individuelle Wahrnehmung zu verfeinern,
- Seheindrücke in akustischen Gestaltungen zu verarbeiten,
- Höreindrücke bildnerisch zum Ausdruck zu bringen,
- eigene bildnerische Werke mit akustischen Elementen zu versehen,
- Hör- und Seherfahrungen in eigenen künstlerischen Gestaltungen zusammenzuführen und dem Betrachter vielfältige Sinneserfahrungen zu ermöglichen,
- die innere Vorstellungswelt über verschiedene Sinneskanäle anzuregen und dem Eindruck Ausdruck zu geben,
- Aufgeschlossenheit gegenüber ungewohnten Seh- und Höreindrücken zu entwickeln.

Voraussetzungen

Aktives Hör-Sehen erfordert
- eine Neugierde auf Seh- und Hörerfahrungen,
- ein sich Einlassen auf unerwartete bildnerische und akustische Gestaltungen,
- die Bereitschaft, Seh- und Höreindrücke gestaltend miteinander zu verknüpfen.

Überblick über die Anregungen dieses Bausteins

Handlungsfeld I (Seite 39–44) wählt als Ausgangspunkt das Bild. Hier werden akustische Elemente hinter dem vordergründigen Seheindruck entdeckt. Die Übungen nehmen zum Teil nur wenig Zeit in Anspruch und eignen sich besonders gut als Einstieg in die Thematik Hören und Sehen.

Handlungsfeld II (Seite 45–48) widmet sich dem Umgestaltungsprozess vom Hören zum Sehen. Flüchtige Töne werden in sichtbare Gestaltungen übersetzt. Das Verständnis für Notationen in der Musik wird geweckt, die eigene Ausdrucksfähigkeit wird angeregt und erweitert.

Handlungsfeld III (Seite 49–50) bietet aus der Vielzahl gestalterischer Möglichkeiten, die sich aus einer bewusst zeitgleichen Kombination vielfältiger Sinneswahrnehmungen ergeben, ausgewählte Beispiele.

Die Auseinandersetzung mit Werken der bildenden Kunst ist in den drei Handlungsfeldern mit integriert, oft bildet sie den Ausgangspunkt für eigene Gestaltungen. Sie kann aber auch im Anschluss an die eigene bildnerische Gestaltung eingebunden sein.

Zum Weiterlesen

Düchting, H. (1997): Paul Klee – Malerei und Musik, München.

Goetz, R. (Hrsg.) (1995): Dialoge: Auf der Suche nach dem Gesamtkunstwerk, Würzburg.

Hills, J. (1998): Das Kinderspielbild von Pieter Bruegel d. Ä., Bd. X, Österreichisches Museum für Volkskunde, Wien.

Maur, K. v. (Hrsg.) (1985): Vom Klang der Bilder – Die Musik in der Kunst des 20. Jahrhunderts, München.

Schmitt, R. et. al. (2001): Schwerpunkt: Musik hören und sehen – In: Grundschule 11/2001, Braunschweig.

Autorinnen:

Sigrid Binder (Anregung 41–43, 47–49),
Ulrike Roos (Anregung 37–40, 44),
Michaela Valentin-Brunner (Anregung 46),
Maike Weber (Anregung 45),
Bearbeitung: Sigrid Binder

Pieter Brugel der Ältere, Kinderspiele, 1560, Öl, 118 x 161 cm, Kunsthistorisches Museum Wien

36 Gabriele Münter: Zuhören

Gabriele Münter
Zuhören, 1909
Öl,
50 x 69 cm,
städtische Galerie
im Lenbachhaus,
München

Ziel(e): eine Zuhörsituation genau beschreiben; mit der eigenen Zuhörhaltung in Beziehung setzen

Zuhörsituation: Die Schüler beschreiben Ort (Innenraum), Zeit (Abend), Atmosphäre (Gastlichkeit, warmes Licht) sowie den Zuhörer (offene Körperhaltung, lauschend geneigter Kopf, hellblaue offene Augen ohne Pupillen, angespannt hochgezogene Augenbrauen, geschlossener Mund, elegante Kleidung). Der Zuhörer drückt Konzentration aus, wem er zuhört, ist nicht deutlich erkennbar – ein Umriss im Hintergrund? Geheimnisvoll ist das blaue Kästchen.

Komposition: Der Konzentration des Zuhörers entspricht die Konzentration im Bildaufbau. Ein rotes rechteckiges Feld befindet sich im Mittelpunkt. Darum scheinen sich halbrunde Formen zu bewegen. Dem roten Feld antwortet das blaue Rechteck des Kästchens. Der Bildaufbau lässt sich gut erkennen, wenn man das Bild auf den Kopf stellt. Die Haltung des Zuhörers entspricht von der Linie her der Linie eines Ohres. Betont ist auch das Licht.

Ablauf:
- Die Kinder überlegen, wo sich der „Sender" (Sprecher, Musiker, Radio etc.) befindet und wer oder was der Sender sein könnte.
- Was könnte der Zuhörende hier anhören?
- Sie schneiden eine Halbfigur und/oder einen Gegenstand aus und ergänzen das Bild um den Sender. Sie stellen fest, wie sich das Bild dadurch verändert.
- Sie spielen verschiedene Lösungen nach.
- Sie überlegen sich, ob sie selbst so zuhören können wie der Mann auf dem Bild und erproben eine Spiegelparodie.
- Die Kinder malen sich im Anschluss in einer Zuhörersituation, die sie positiv im Gedächtnis behalten haben.

37 Pablo Picasso: Die Panflöte

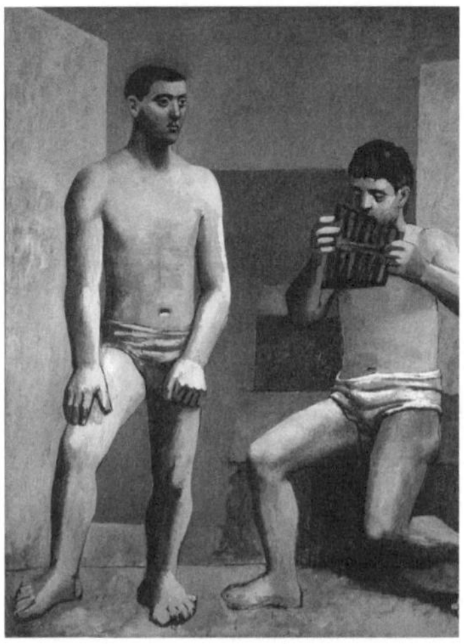

Pablo Picasso
Die Panflöte, 1923
Öl,
205 x 174 cm,
Museé Picasso,
Paris

Ziel(e): eine Zuhörsituation genau beschreiben; eigene Haltungen beim Zuhhören überprüfen

Zuhörsituation: Ein Außenraum öffnet sich bühnenartig zwischen zwei Steinkulissen und über Stufen in die Weite des Meeres und des Himmels. Der Zuhörer wirkt gesammelt (geschlossener Mund, in die Ferne gerichteter Blick, entspannte Augenbrauen, halb geöffnete Haltung zum Flötenspieler). Der Spielende, der an antike Hirten erinnert, ist seinem Instrument zugewandt und lauscht mit halb gesenktem Blick der Musik.

Komposition: Die Konzentration wird durch den dunklen Kubus auf die Bildmitte gelenkt. Die blauen und gelben Flächen bilden einen Rahmen, in den die runden, schattierten Figuren eine begrenzte Dynamik bringen. Die Komplementärfarben unterstreichen die Harmonie des Bildes. Zuhören ist hier als Zustand des Zur-Ruhe-gekommen-Seins im ganzen Körper ausgedrückt. Wie bei einer Statue ist das Gewicht auf Stand- und Spielbein verteilt. Beide Figuren haben einen gleichen Bildanteil und sind auch durch die Diagonalen, die von den Oberschenkeln gebildet werden, verbunden. Die Harmonie im Geben und Nehmen wird durch Haltungsvariationen und den gleichartigen Hintergrund ausgedrückt. Beide gelben Flächen erinnern an die Flügel einer Tür.

Ablauf:
- Die Kinder stellen die Zuhörsituation nach.
- Die Kinder assoziieren frei zum Thema „Meer".
- Sie suchen eine Verbindung zwischen dem Klang einer Panflöte und dem weiten Raum.
- Sie suchen entsprechende Musikbeispiele aus.
- Zusatzfrage: Warum hat Picasso wohl gerade dieses Bild bis zu seinem Tod behalten?

38 Fernand Léger: Die Treppe

Fernand Léger
Die Treppe, 1914
Öl auf Leinwand,
144 x 118 cm
Moderna Museet,
Stockholm

Ziel(e):

unterschiedliche Rhythmen und Geräusche wahrnehmen, die beim Treppensteigen erzeugt werden können; Bewegung im Bild erkennen

Aktivitäten:

- Die Kinder beobachten die unterschiedlichen Stufenfolgen auf dem Bild und erproben, wie sie selbst eine Schultreppe herunterhüpfen, -springen, -gehen, -laufen, -schreiten oder -gleiten können.
- Ratespiel: Aus den Bewegungen des Vorführenden muss erraten werden, um welche Stufenabfolge es sich handelt.
- Mehrere Kinder stellen die Klangqualität der verschiedenen Treppen dar durch Hüpfen, Klopfen, Anschlagen etc. Anschließend können auch Instrumente eingesetzt werden.
- Den roboterähnlichen Figuren in der Bildmitte werden Klangfolgen zugeordnet, z. B. mit einem Metallstift an den Heizkörperrippen entlangfahren.
- Elemente des Bildes werden ausgeschnitten und neu zusammengesetzt. Das Ergebnis wird im Unterschied zum Original betrachtet und beschrieben.
- Auf einer Kopie mit schwachen Kontrasten werden den Bildelementen andere Farbtöne gegeben. Ändert sich dadurch auch die Klangkomposition und wenn ja, wie?
- Hörübung bei offenem Klassenzimmer: Wer kommt wie die Treppe hinauf? Wer kommt wie ins Klassenzimmer? Die Kinder beschreiben die Bewegungen (gehemmt, stürmisch, ...) und die Geräusche der Sohlen, des Atems etc. Ähnliche Übungen können in den Pausen oder am Ende des Schulvormittages durchgeführt werden – auch als Ratespiel mit Schülern, die die Rolle der Treppensteigenden übernehmen.

39 I

Wie „still" sind Stillleben? Claude Monet: Das Pfirsichglas

Claude Monet:
Das Pfirsichglas
1866
Öl,
55 x 46 cm,
Staatliche
Kunstsammlungen,
Dresden

39 II

Wie „still" sind Stillleben? Sébastian Stosskopf: Korb mit Gläsern

Sébastian
Stosskopf,
Korb mit Gläsern
1644,
Öl,
51 x 62 cm,
Musée de
l'œuvre
Notre-Dame,
Straßburg

Ziel(e): Assoziationen von Klängen und Geräuschen bei der Darstellung unbelebter Dinge erfahren

Claude Monet: Das Pfirsichglas

Bei Monet wirkt die Szene eher ländlich. Es ergibt sich eine Mittelsenkrechte durch Glas und Schatten, die Horizontale wird durch die Früchte überspielt und dadurch eine Schräge betont, die den Blick des Betrachters auf die Mitte hinten lenkt. Das Glas mit eingeweckten Pfirsichen steht auf einer Marmorplatte. Die Adern im Marmor, die in den Diagonalen zu den geraden, meist durchgezogenen Linien und Farbbegrenzungen Gegengewichte schaffen, bringen Bewegung in die Bildkomposition.

Sébastian Stosskopf: Korb und Gläser

Der Tisch bei Stosskopf scheint in einem herrschaftlichen Haus zu stehen. Der Blick des Betrachters wird mittels des Hell-Dunkel-Kontrasts von Licht und Schatten und der Betonung der Horizontalen und Diagonalen unweigerlich auf die Bildmitte gelenkt. Dort ist ein filigran gearbeitetes Körbchen mit kostbaren Trinkgläsern platziert. Der Eindruck des Zerbrechlichen wird durch das zufällige und instabil wirkende Arrangement der Gläser im Korb hervorgerufen, das der Komposition Dynamik verleiht, und erhält seine Bestätigung im zerbrochenen Glas, das außerhalb des Korbes auf dem Tisch liegt, im Winkel des Aufeinandertreffens von Diagonale und Horizontale. Bei beiden Kunstwerken ist der Hintergrund farblich zurückhaltend: Grünvariationen bei Monet bzw. einheitlich dunkelbraun bei Stosskopf.

Aktivitäten:

- Die Kinder beschreiben die gemalten Materialien: Glas, Marmor, gefälteltes Papier, Bindfaden, Zimtstange, frische Pfirsiche mit samtiger Haut, eingelegte Früchte bei Monet – raues Holz, Korbgeflecht, Glas, Edelmetall bei Stosskopf.
- Sie sammeln die Höreindrücke, die sie mit den Darstellungen verbinden und suchen lautmalende Wörter: Sie hören etwa das Klirren der Gläser, das Zerspringen, Zerbrechen des dünnwandigen Glases, das Entlangstreifen der Finger am Korbgeflecht, das einen surrenden oder zirpenden Ton auslöst, das dumpfe Kullern der Pfirsiche auf dem glatten Tisch, das Glucksen des Fruchtsaftes beim Schütteln des Glases etc.
- Andere Sinnesreize, z. B. des Tastsinnes beim Berühren von Glas, Früchten, Holz u. a. werden gesammelt und die Empfindungen als angenehm, abstoßend o. Ä. beurteilt.
- Eine Musik wird ausgewählt, die zu dem historisch-gesellschaftlichen Rahmen passt: Barock/Impressionismus. Da beide Bilder sich auf Küche oder Anrichte beziehen, könnten auch volkstümlich-liedhafte Stücke gewählt werden.
- Die Kinder erproben eine Glasharfe mit unterschiedlich hoch gefüllten Gläsern, deren Rand sie zum „Singen" bringen.
- Sie gestalten selbst ein Stillleben mit Dingen, die geeignet sind, um Höreindrücke zu wecken, z. B. mit Besteck, Nüssen etc. Nach dem Vorbild des Schweizer Künstlers Daniel Spoerri können sie auch ein Materialbild, z. B. mit bemaltem Pappgeschirr oder Puppenstubenmaterial gestalten. Objektkasten oder Klarsichtschachteln eignen sich ebenfalls dafür. In einem Ratespiel beschreiben sie die Höreindrücke, die eines der zu erratenden Bildobjekte auslöst.
- Sie füllen Schraubgläser mit Gegenständen und/oder Flüssigkeiten und erproben die akustische Wirkung beim Schütteln und Ausgießen bzw. Auskippen.

40 Pieter Bruegel d. Ä.: Kinderspiele

Abbildung siehe Seite 38

Pieter Bruegel der Ältere, Kinderspiele, 1560, Öl, 118 x 161 cm,
Kunsthistorisches Museum, Wien

Ziel(e): dargestellte Aktivitäten akustisch und szenisch nachgestalten; alle Spiele erproben

Komposition:
Pieter Bruegel hat auf diesem Bild ca. achtzig verschiedene Beschäftigungen und Spiele festgehalten, denen Kinder seiner Zeit nachgingen. Einige von ihnen sind uns heute noch geläufig, andere sind dagegen vergessen. Auf dem großen Platz, betont durch Schrägsicht und Aufsicht, tummelt sich eine unübersehbar große Zahl an Kindern. Erwachsene sind dagegen kaum zu entdecken. Von der rechten oberen Bildecke führt die breit angelegte Straße in den Vordergrund – wohl weiter in den Ort hinein und lenkt so den Blick des Betrachters von einer Aktivität zur nächsten.
In der Bildmitte öffnet sich in der Horizontalen nach links der Durchblick in die ländliche Umgebung: ein Fluss, Bäume und Wiesen. Die Kinder sind über das gesamte Bild verteilt. Selbst an den Fassaden und an geöffneten Fenstern der Häuser können sie bei ihrem – nicht immer friedfertigen – Zeitvertreib beobachtet werden.

Aktivitäten:
Auf Pieter Bruegels Bild gibt es viel zu entdecken. Die Lebendigkeit und Dynamik des Bildes würde jedoch durch endloses Beschreiben der einzelnen Spiele zerstört. Ein Bildspaziergang, der Erfahrungsräume für Sehen und Hören eröffnet, Atmosphäre einfängt und einzelne Aktivitäten der Spielenden genauer in den Blick nimmt, beeindruckt dagegen nachhaltig.
- Die Kinder entdecken Klangräume im Bild: Sie sammeln Geräusche und Töne von den Kindern und ihren Spielgegenständen.
- Sie gestalten Aktivitäten nach und nehmen die begleitenden Geräusche auf Tonband auf (z. B. das Treiben des Reifens). In einem Ratespiel ordnen sie diese den Bildelementen wieder zu.
- Die Kinder gestalten z. B. den Hochzeitszug szenisch nach und wählen eine passene Musik dazu aus.

Erweiterung:
Die Kinder wählen ein Bilddetail aus und gestalten dazu ein eigenes Bild, z. B. den Blick in ein Fenster eines dargestellten Hauses:
Was könnte im dahinterliegenden Raum gerade geschehen?
Das eigene bildnerische Werk kann zusätzlich mit passenden Geräuschen und Tönen unterlegt werden.

41 Emotion im Bild
Geräusch- und Klangerfahrungen bildlich zum Ausdruck gebracht

Ziel(e): eigene Empfindungen bei Höreindrücken bildnerisch verarbeiten
Jahrgangsstufe(n): alle
Zeit: 10 bis 15 Minuten
Ort: Geräusch- und Klangquellen im Freien und in Räumen
Material/Medien: Kassettenrekorder; verschiedene Pinsel und Stifte; Papier

Ablauf:
- Verschiedene Geräusche werden auf Kassette eingespielt, z. B. ein Lärmgeräusch und das Zwitschern eines Singvogels. Welche Assoziationen ruft ein sanfter Klang wach, welche ein durchdringendes Geräusch? Beispiel Lärm:
- Wie sieht das Bild aus, das in der inneren Vorstellungswelt entsteht beim Hören von Lärm?
- In der Gestaltung des Umrisses und der Binnenzeichnung des Wortes Lärm werden Emotionen sichtbar gemacht.
- Die Kinder verwenden Farben, Formen und/oder Materialien, die das quälende oder schmerzende Gefühl ausdrücken (z. B. Nadelspitzen, Splitter oder scharfe Kanten zeichnen, eine raue Oberflächenstruktur gestalten).
- Sie stellen die Situation dar, die Lärm verursacht.
- Sie stellen den Gegenstand dar, der Lärm verursacht.
- Lärmgeräusche: Welches Bild entwickelt sich im Inneren – aufzeichnen.
- Erweiterung: Kunstwörter wie „peng" oder „zisch" können ebenfalls bildnerisch zum Hören und Fühlen gebracht werden.

42 Den Ton sichtbar machen
Bildzeichen und Tonzeichen

Ziel(e): akustische Informationen über Zeichen geben
Jahrgangsstufe(n): alle
Zeit: 20 bis 45 Minuten
Ort: Klassenzimmer
Material/Medien: Stifte, Farben, Plakatkarton

Ablauf:
- Die Kinder gestalten Klangsymbole für unterschiedliche Zonen im Klassenzimmer und Schulhaus, z. B. für „laut" und „leise".
- Ein Musikstück wird großformatig auf Papier oder an der Tafel festgehalten. Möglichkeiten der Notation werden erprobt, z. B. ein Zeichen für Stille = Pause entwickelt.
  (s. auch Anregung 65 „Komposition im Raum", weitere Materialhinweise)

43 Earle Brown: Dezember 1952
Den Ton sichtbar machen – Bildzeichen und Tonzeichen

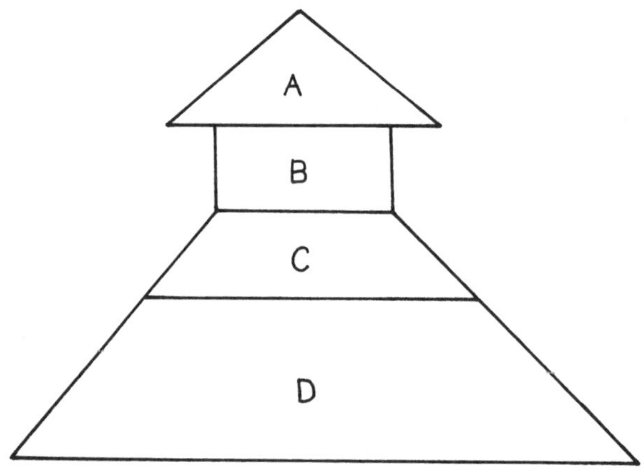

nach Earle Brown
Dezember 1952,
Tusche auf Papier,
30,5 x 37,7 cm,
im Besitz
des Künstlers,
New York

Ziel(e): akustische Informationen über Zeichen geben
Übergänge zwischen Notationen moderner Kompositionen und bildnerischen Werken von Künstlern des 20./21. Jahrhunderts erfassen

Jahrgangsstufe(n): alle

Zeit: 45 Minuten

Ort: Klassenzimmer oder Musikraum

Ablauf:
- Die Kinder beschreiben die Zeichnung und versuchen einen Bezug zum Thema herzustellen.
- Sie vertonen die Partitur in Gruppen.
- Sie hören eine professionelle Aufnahme dieses Stückes oder eines anderen Werkes von Earle Brown.
- Sie setzen ein modernes Musikstück in eine ähnliche Notation um.

44 Collage: Was hörst du? Klangbilder sichtbar machen – Geräusche und Klänge zu eigenen bildnerischen Werken werden lassen

Ziel(e): genaues Hinhören auf Alltagsgeräusche; Materialien auswählen, die diese Geräusche repräsentieren; die wahrgenommenen Geräusche in einer Collage bildnerisch gestalten

Jahrgangsstufe(n): alle

Zeit: 100 Minuten

Ort: Klassenraum, Kunstraum

Material/Medien: Natur- und Alltagsmaterialien, Kleber

Ablauf:
- Die Kinder notieren alle Geräusche, die sie um sich herum wahrnehmen, auf einem Notizblock.
- Anschließend sammeln sie Natur- und Alltagsmaterialien, die sich dazu eignen könnten, die gehörten Geräusche und Töne in einer Collage bildlich wiederzugeben und für andere erlebbar zu machen.
- Sie erproben die spezifische Eignung der Materialien und erstellen eine Collage ihrer Höreindrücke.
- Bei der Präsentation werden zu den Collagen gegenseitig Hörgeschichten erzählt.

45 Dias malen zur Musik

Ziel(e): Höreindrücke bildnerisch verarbeiten

Jahrgangsstufe(n): alle

Zeit: ca. 45 Minuten

Ort: Klassenzimmer

Material/Medien: pro Schüler ein Diarahmen mit Glas, verschiedenfarbige wasserfeste Folienstifte, Diaprojektor, CD-Player, eine inspirierende Musik-Einspielung, die viel Raum für Gedanken und Emotionen lässt (z. B. „December“ von George Winston; „Variations on the Kanon“ von Johann Pachelbel)

Ablauf:
- Die Kinder hören zunächst die Musik an und sprechen über ihre inneren Bilder, ihre Assoziationen und Emotionen.
- Beim zweiten Hören bemalen die Kinder ihr Dia beidseitig mit den Folienstiften und fassen so ihre Empfindungen in Farben und Formen. Dabei können überraschende Effekte entstehen.
- Anschließend werden die Werke der Kinder zur Musik im Diaprojektor vorgeführt.

Die großformatige Präsentation der Bilder beeindruckt die Kinder und verstärkt wiederum den Höreindruck.

46 Der Ton ist vergänglich, das Bild bleibt? – Diesmal bleibt das Bild nicht!

Ziel(e): die Vergänglichkeit des Tons in einer vergänglichen bildnerischen Gestaltung zum Ausdruck bringen; den künstlerischen Schaffensprozess in den Mittelpunkt stellen und dokumentieren
Jahrgangsstufe(n): alle
Zeit: etwa 45 Minuten
Ort Klassenzimmer bzw. Ort in der Natur
Material/Medien: verschiedene Naturmaterialien

Ablauf:
- Die Kinder hören ein Musikstück an und tauschen sich über ihre Höreindrücke aus. Anschließend gestalten sie gemeinsam oder allein im Stil der Land-Art-Künstler aus Naturmaterialien (Blätter, verschiedene Erden, Steine, Holz) ein vergängliches Kunstwerk, das den Höreindruck in der Gestaltung umsetzt.
- Die Kinder bringen ihre Höreindrücke in einem bildnerischen Werk aus farbigem Sand zum Ausdruck. Einem buddhistischem Mandala entsprechend trägt es der Wind nach der Fertigstellung in die Welt. Im Winter eignen sich ebenso Schnee und Wasser als Materialien für vergängliche Kunstwerke.
- Die Kinder setzen den Prozess des Erklingens, Klingens und Verklingens eines Musikstückes mit dem Werden und Vergehen in der Natur gleich. Sie präsentieren z. B. eine Blüte als Kunstwerk der Natur, indem sie das Aufblühen, Erstrahlen und Verwelken der Blüte mit entsprechender Gestaltung des Umfelds in Szene setzen.
- Die Schönheit und der besondere Reiz, der vergänglichen bildnerischen Gestaltungen innewohnt, können durch Foto- und Videoaufnahmen festgehalten und somit auf Dauer präsentiert werden.

47 Ein Festival der Sinne – ein Klang-Farben-Formen-Erlebnis kreieren

Ziel(e): Sehen und Hören zeitgleich zu einem Gesamtkunstwerk (vgl. Goetz 1995) verknüpfen; Hör- und Sehgewohnheiten aufbrechen
Jahrgangsstufe(n): alle
Zeit: ab 10 Minuten
Ort: Klassenzimmer, Musikraum, Bühne
Material/Medien: Alltagsmaterialien, Naturmaterialien, verschiedene Requisiten

Ablauf:
In Installationen verschmelzen Hören und Sehen zur erlebnisreichen Aktion. Hier werden die Sinne unmittelbar und parallel angesprochen. Bewegen und Tasten können dabei integriert und der Zuschauer teilweise mit in das Kunstwerk aufgenommen werden. In unzähligen und vielgestaltigen Ausdrucksformen werden dabei die Sinneseindrücke dicht inszeniert. Tasterfahrungen können dabei ebenso integriert werden wie sprachlicher Ausdruck und Bewegung.

Ideenkiste I – sehen und hören

Aktivitäten:
- Bau von Windharfen aus unterschiedlich klingenden Materialien
- Bau von Geräuschmaschinen und Instrumenten aus klingenden Materialien
- ein persönliches Klangporträt gestalten: sich selbst malen (z. B. in Lieblingspose, Lieblingsfarbe u. a.), dazu Lieblingsgeräusche auf Kassette aufnehmen und bei der Präsentation des Bildes abspielen

Ideenkiste II – sehen, hören, tasten

Aktivitäten:
- Steine zum Klingen bringen:
  mit den Händen über Steine gleiten und dadurch unterschiedliche Töne erzeugen
- Klangbänder auf den Boden legen und darübergehen

Ideenkiste III – sehen, hören, sprechen

Aktivitäten:
- zu einem literarischen Text ein Bilderbuch mit Hörkassette gestalten (Illustrationen malen, untermalende Geräusche und Töne aufnehmen), gemeinsam präsentieren
- einen Bildspaziergang mit entsprechenden Geräuschen und sprachlichen Informationen zum Thema als CD-ROM gestalten (z. B. Thema Bauernhof)

Ideenkiste IV – sehen, hören, sprechen, bewegen

Aktivitäten:
- ein Theaterstück kreieren: das Thema (z. B. „Wasser") in Sprache, Musik, Bewegung und (Bühnen-)Bild gestalten

48 Walter Crane: Die Rosse des Neptun

Walter Crane: Die Rosse des Neptun, 1892, Öl, 86 x 215 cm, Neue Pinakothek München

Ziel(e):	Bildeindrücke akustisch zum Ausdruck bringen
Jahrgangsstufe(n):	ab 3. Klasse
Zeit:	ab 45 Minuten
Ort:	Klassenzimmer
Material/Medien:	Alltagsgegenstände, Musikinstrumente, Geräuschesammlung auf Kassette

Aktivitäten:
- die Bildeindrücke in Klänge umsetzen (z. B. Wellen = ocean drum)
- Installation: einen Strandanzug mit Wellenrauschen (Kassettenaufnahme) präsentieren
- Installation: eine Reisetasche mit Badeutensilien und Liedern vom Meer (Kassettenaufnahme, Texte ...) präsentieren
- eigene Bilder zu selbst gewählten Strand-Wasser-Themen gestalten, z. B. „Sonnenuntergang am Meer", „Entdeckungen am Strand", „Urlaubssouvenir" und bei der Präsentation mit ausgewählter Strand-Wasser--Musik und passenden Geräuschen kombinieren

Da steckt Musik drin: Ohren auf für Töne

Wie kann ich musikalisch die Ohren öffnen, auch wenn ich als Lehrerin oder Lehrer keine musikalische Ausbildung und vielleicht wenig Bezug zur Musik habe? Oder wenn es der Schule an Instrumenten fehlt, um Musik zu machen?

Aufgabe des Musikunterrichts ist es, das Hören zu fördern (Schmitt 2001). Die Fähigkeit aufeinander zu hören, sich gegenseitig zuzuhören, ist auch Voraussetzung, um gemeinsam Musik zu machen.
Hören zu fördern heißt, Hörmuster zu erweitern. Denn wir können nur hören, was wir erkennen können, das heißt, was wir mit bereits erworbenen musikalischen Strukturen verbinden oder was wir mit diesen Hörmustern deuten können (Gruhn 1998).
Hörmuster werden vor allem unbewusst über das Hören und Musikmachen gelernt, weniger über eine bewusste Vermittlung musikalischer Inhalte (Stoffer 2000).

Handlungsidee

Klangexperimente, musikalische Hör-Spiele und einfache Klanggeschichten eröffnen vielseitige attraktive Hörsituationen, um die Kinder zum bewussten Hinhören anzuregen und die Hörwahrnehmung zu erweitern. Sie sollen auch Lehrerinnen und Lehrer, die sich für unmusikalisch halten, ermutigen, mit den Kindern zusammen Musik zu entdecken, auf einfache Weise Musik zu machen und selber zu komponieren. Dabei werden die Ohren geöffnet, nicht nur für die Vielfalt an Klängen, die uns umgibt, sondern auch für Aspekte experimenteller Musik. Das aktive musikalische Hörhandeln erweitert unsere Hörmuster und lässt uns nicht nur Musik mit anderen Ohren hören (vgl. Altenmüller 2003).

Foto: Sascha Friedl

Ziele

- Höraufmerksamkeit wecken für die Vielfalt an Klängen um uns
- genaues Hinhören und genaues Beschreiben (hilft dem Hörgedächtnis)
- eigene Hörerfahrungen reflektieren; für eigenes Hören sensibilisieren
- Aufgeschlossenheit Neuem/Ungewohntem gegenüber
- den Hörhorizont erweitern
- über musikalisches Hören austauschen
- Spaß am Musikmachen erfahren
- aufeinander hören lernen
- Musik darstellen und beurteilen
- musikalische Elemente über das aktive Musikmachen erfahren
- für Zuhörer musikalische Hörereignisse gestalten

Voraussetzungen

Aktives Musikmachen erfordert keine fundierte Musikausbildung, aber
- Freude am Experimentieren und Ausprobieren
- die Fähigkeit, sich zurückzunehmen, den Ideen der Kinder Raum zu geben
- Toleranz, da Ideen manchmal erst aus dem Chaos entstehen und ein Höreindruck auch nach Ausdruck verlangt

Überblick über den Baustein

Die **„Klang-Experimente zum Aufwärmen“** (S. 54) stimmen in das genaue Hinhören ein, nicht nur auf die Klänge der Umgebung, sondern auch auf das gegenseitige Zuhören. Dies ist eine wichtige Grundlage, um gemeinsam Musik zu machen. Eine genaue Beschreibung der Klänge hilft dem Hörgedächtnis und dem differenzierten Hören. Das kreative Ausprobieren sollte im Vordergrund stehen.

Klangspiele zum Warmbleiben

Die folgenden **„Klang-Spiele“** (S. 54–60) nehmen nicht viel Zeit in Anspruch und können zwischendrin eingestreut werden. Wie bei jedem Lernen ist ein wiederholtes Üben in kurzen Einheiten auch beim Hörenlernen am effektivsten. In einer **„Klänge-Werkstatt“** können aus den Klängen Hör-Spiele, eine Audiothek, eine Hör-Bar und auch ein Klanggarten entstehen. Vielleicht lässt sich auch der Pausengong mit besonderen Klängen aus der Werkstatt oder mit Lieblingsklängen der Kinder bereichern?

Einfache Kompositionen ...

In den **„Kompositionsspielen“** (S. 62–63) werden auf einfache Weise quasi nebenbei kleine Stücke komponiert. Bewusst inszeniert werden Kompositionen in den **„Klang-Konzerten“** (S. 64–66). Zum Teil werden diese Kompositionen auf Wandpartituren festgehalten, damit sie auch zu einem späteren Zeitpunkt wieder aufgeführt werden können.

Dabei können die Kinder hörend erfahren, dass Musik immer anders klingt und sich wie bei den Werken „großer Meister“ die Aufführungspraxis mit der Zeit verändert. Über Kassettenaufnahmen der eigenen Stücke ist dies gut nachzuvollziehen.

... und größere Produktionen

„Klang-Geschichten“ (S. 67–68) bilden den Abschluss. Sie nehmen mehr Zeit in Anspruch, da sie komplexer sind. Haben die Kinder schon Erfahrung mit Klängen gesammelt, fällt es ihnen nicht schwer, ganze Geschichten zu vertonen. Vielleicht bietet sich die eine oder andere Klang-Produktion auch an, um im Pausen- oder Schulradio gesendet zu werden.

Klangerinnerungen im Jahresrückblick

Alle entstandenen musikalischen Produkte können in einem „Akustischen Kalender“ über das Jahr gesammelt werden, als gemeinsames Klanggedächtnis und Erinnerung an das vergangene Schuljahr.

Zum Weiterlesen

Altenmüller, E. (2003): Musikerziehung als „Brainjogging". Zu den Auswirkungen musikalischer Aktivität auf neuronale Netzwerke. In: Huber, L., Kahlert, J. (Hrsg.): Hören lernen. Musik und Klang machen Schule. Braunschweig, S. 16–35.

Cslocjecsek, M./Liechti, St./Lischer, P./Utz, K. (2004): Mathe macht Musik. Impulse zum musikalischen Unterricht mit dem Zahlenbuch 3 und 4. Klett und Balmer, Zug.

Gruhn, W. (1998): Der Musikverstand. Neurobiologische Grundlagen musikalischen Denkens, Hörens und Lernens, Hildesheim u. a.

Hagen, M. (1999): Werkhören in der Grundschule. In: Grundschule, Heft 2, S. 57–62.

Hagen, M. (2002): Hast du Töne! Hör- und Zuhörförderung mit Musik. In: Sache – Wort – Zahl, Heft 43, Seite 1–4.

Kemmelmeyer, Karl-Jürgen (1979): Toleranztraining in der Musikpädagogik durch Abbau erworbener Hörbarrieren. In: Musik und Bildung 11 (1979), S. 107–113.

Schmitt, R. (2001): Musik. In: Einsiedler, W.; Götz, M.; Hacker, H.; Kahlert, J.; Keck, R.& Sandfuchs, U. (Hg.): Handbuch Grundschulpädagogik und -didaktik, Bad Heilbrunn, S. 532–543.

Polzin, M./Schneider, R./Steffen-Wittek, M. (Hg.) (1998): Musik in der Grundschule, Arbeitskreis Grundschule – Der Grundschulverband e. V., Frankfurt am Main.

Schneider, H. (1997): Das Projekt Klangnetze – ein (musikpädagogischer) Weg zu eigener Musik. Oder: Neue Musik in der Schule. In: Blomann, K.-H., Sielecki, F. (Hg.): Hören – eine vernachlässigte Kunst?, Herne, S. 159–167.

Spychiger, M. (2000): Hören und Zuhören als Lernprozesse im Erweiterten Musikunterricht. In: Huber, L./Odersky, E. (Hg.): Zuhören – Lernen – Verstehen, Braunschweig.

Stoffer, T. H. (2000): Implizites Lernen von Reizstrukturen: Ist der Erwerb impliziten musikalisch-syntaktischen Wissens allein durch Musikhören möglich? In: Unterrichtswissenschaft, 28/3, S. 218–238.

Autorinnen:

Mechthild Hagen (Anregung 49, 51, 61–65, 67),
Marga Kajanne (Anregung 69, 70),
Kerstin Meier (Anregung 53, 61),
Birgit Rechtenbacher (Anregung 55, 60, 62, 66),
Gabriele Vogt (Anregung 52, 57, 58, 68),
Bearbeitung: Mechthild Hagen

49 Klang-Experimente zum „Aufwärmen"

Auch ohne Instrumente steht uns eine Vielzahl an Klängen zur Verfügung für die folgenden Klangspiele, Klangkonzerte, Kompositionsspiele und zum Vertonen von Geschichten.

- Welche Klänge bieten die Gegenstände im Raum?
- Welche Klänge kann ich mit den Händen, den Füßen, dem Bauch, dem Rücken, dem Po, der Stimme usw. erzeugen?
- Welche unterschiedlichen Klänge bietet mir mein Schulranzen, das Lineal, ein Stift, ein Schuh?
- Wie klingt es, wenn einer schleicht, wenn alle schleichen, wenn einer springt, wenn zehn springen und alle anderen gleichzeitig laufen?
- Wie können wir mit den erforschten Klängen Helligkeit darstellen oder eine Farbe?
- Welche Gegensätze lassen sich mit den erforschten Klängen bilden?
- Wir können mit den Klängen Reihen bilden, vom leisesten zum lautesten, vom angenehmsten zum unangenehmsten.
- Wir können Klanggruppen bilden:
  Was klingt alles kurz, lang, metallen, quietschend, ratternd? Gemeinsam gespielt ergeben sie ein Quietsch-Konzert oder ein Kurz-Konzert oder ein Konzert der Metalle.
- Wie kann ich mit den Klängen Aufgeregtheit darstellen, Coolness, Angst, Freude, Verträumtheit?

50 Klang-Spiele: Klang-Karussell

Ziel(e): genaues Aufeinanderhören
Jahrgangsstufe(n): alle
Zeit: 5 bis 10 Minuten
Ort: Klassenzimmer, Pausenhof, Turnhalle ...
Material/Medien: Klänge aus den Klang-Experimenten (Anregung 49), die jeder mit in die Runde nehmen kann

Ablauf:
- Die Kinder bilden einen Kreis.
- Die mitgebrachten Klänge werden der Reihe nach in der Runde gespielt. Dabei geht es darum, genau an den vorhergehenden Klang anzuschließen.
- Die Klänge können dabei beliebig lang angespielt werden oder genau im Takt. Wie bei einem Karussell kann die Runde langsam beginnen, dann schneller werden und wieder langsamer werden.
- Es können auch zwei Klänge gleichzeitig auf die Reise im Karussell geschickt werden. Können sie sich einholen?

(nach einer Idee der Gruppe „Musik zum Anfassen")

51 Das Kinder-Klassen-Klavier

Ziel(e): mit Stimmklängen experimentieren
Jahrgangsstufe(n): alle
Zeit: 5 bis 10 Minuten
Ort: Klassenzimmer
Material/Medien: Stimm- und Mundklänge aus den Klangexperimenten

Ablauf:
- Zehn Kinder mit einem besonderen Stimm- oder Mundklang stellen sich nebeneinander und strecken beide Hände nach vorne.
- Ein Klavierspieler spielt das Klavier, indem er leicht die Hände berührt. Dann erklingt der Klang des Kindes, dessen Hand er gerade berührt.
- Es können auch zwei Spieler vierhändig spielen.

(nach einer Idee von Michael Bradke)

52 Straße der Klänge

Ziel(e): differenziertes Hören
Jahrgangsstufe(n): alle
Zeit: 10 bis 15 Minuten
Ort: Klassenzimmer
Material/Medien: verschiedene Rhythmusinstrumente, Körperklänge, gefüllte Dosen ...

Ablauf:
- Je zwei Kinder nehmen sich zwei gleiche Instrumente.
- Sie probieren aus, ob ihr Instrument laut oder leise ist und vergleichen es mit anderen Paaren.
- Die Kinder eines Paares stellen sich dann einander gegenüber auf, sodass eine „Klangstraße" entsteht. Ein Paar darf spazieren gehen.
- Je nachdem, wie die Klänge angeordnet sind – von leise zu laut oder umgekehrt, von laut zu leise und wieder zu laut – können verschiedene „Klangspaziergänge" durchgeführt werden. Dabei erklingen die Instrumente nacheinander dann, wenn das Paar an ihnen vorbeispaziert.

53 Streit der Klänge

Ziel(e): mit Instrumenten kommunizieren
Jahrgangsstufe(n): alle (ab zwei Teilnehmern)
Zeit: 15 Minuten
Ort: Klassenzimmer
Material/Medien: Instrumente, Körperinstrumente und andere Klangerzeuger

Ablauf:
- Selbst gewählte Instrumente werden von den Kindern mehr oder weniger laut bzw. kräftig „zum Sprechen gebracht".
- Wie bei einem Streitgespräch zugehört werden sollte, bis jeder seine Argumente zum Ausdruck gebracht hat, sollte jedem Teilnehmer dieses Spiels zugehört werden, bis seine Klangargumente verhallen.

54 Tongegensätze

Ziel(e): Erzeugen von Klanggegensätzen
Jahrgangsstufe(n): alle
Zeit: 20 Minuten
Ort: Klassenzimmer
Material/Medien: Instrumente, Klangerzeuger, Stimme

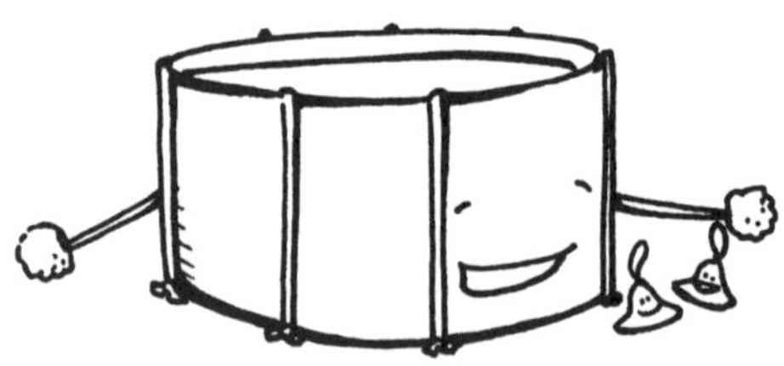

Ablauf:
- Es werden zwei Gruppen gebildet mit je 5 bis 6 Kindern.
- Jede Gruppe nimmt sich einige Instrumente.
- Ein Kind einer Gruppe beginnt auf einem Instrument zu spielen.
- Ein Kind der anderen Gruppe wählt aus deren Instrumenten eines aus und antwortet mit dem Gegensatz – auf laut mit leise, auf schrill mit sanft, auf klopfend zupfend, auf hell dumpf, auf beschwingt traurig usw.
- Eine Jury kann darüber entscheiden, ob dies gelungen ist, oder sie kann Verbesserungsvorschläge einbringen.

55 Töne schenken

Ziel(e): unterschiedliche Töne hören, nachsingen, neue Töne finden
Jahrgangsstufe(n): alle
Zeit: 10 Minuten
Ort: Klassenzimmer / Musikzimmer

Ablauf:
- Die Kinder sitzen oder stehen im Kreis.
- Die Lehrerin hält die Hände wie eine Schale vor sich auf und singt auf einem Ton den Satz: „Ich schenke dir einen Ton".
- Währenddessen geht sie auf ein Kind zu. Das Kind antwortet auf demselben Ton: „Danke!"
- Es geht nun seinerseits mit den zur Schale geformten Händen auf ein anderes Kind zu und singt dabei den Satz auf einem anderen Ton usw.
- Dabei suchen sich die Kinder immer wieder andere Töne oder Tonqualitäten, z.B. hohe, tiefe, quietschende etc.
- Variation: paarweise Töne schenken lassen und durchs Schulhaus tragen.

56 Tonpantomime

Ziel(e): Umsetzung von Musik in Bewegung
Jahrgangsstufe(n): alle
Zeit: 20 Minuten
Ort: Klassenzimmer
Material/Medien: Instrumente und Körperinstrumente

Ablauf:
- Ein Kind, der „Musiker", geht vor die Tür. Die anderen bestimmen einen „Pantomimen" aus der Gruppe, der die Bewegungen vormacht, die von den anderen Kindern sofort übernommen werden sollen.
- Der Musiker kommt herein, wählt sich ein Instrument und spielt. Dazu bewegen sich die anderen, angeleitet von dem gewählten Pantomimen.
- Findet der Musiker heraus, wer der Pantomime ist, werden die Rollen neu verteilt.

57 Luftballon-Musik

Ziel(e): Freude am Experimentieren
Jahrgangsstufe(n): alle
Zeit: 5 bis 10 Minuten
Ort: Klassenzimmer
Material/Medien: Luftballons (oder andere Alltagsgegenstände wie Plastiktüten, Papier usw.)

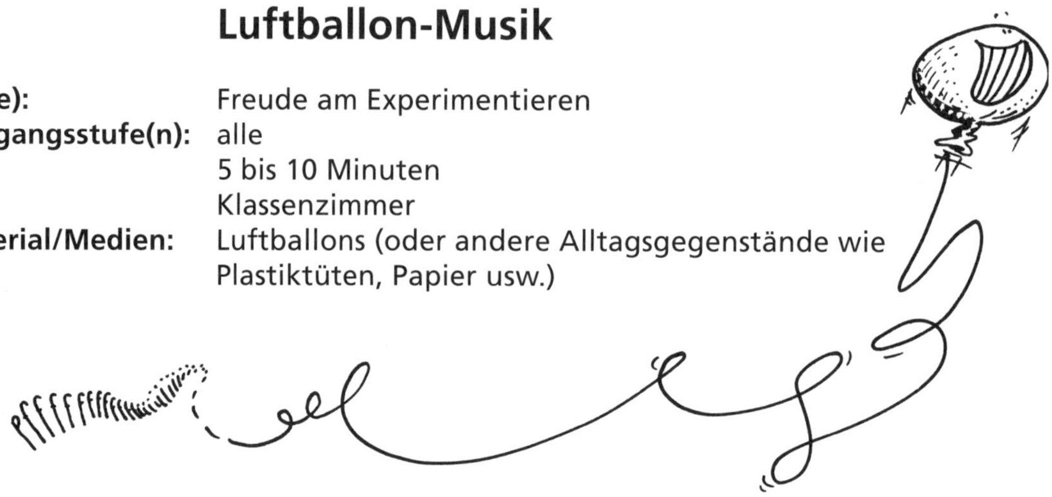

Ablauf:
- Jedes Kind bekommt einen Luftballon (mit verschiedenfarbigen Ballons kann man die Gruppeneinteilung bestimmen).
- Was kann man damit für Geräusche erzeugen? (Kratzen, Klopfen, Zupfen, Reiben an anderen Ballons oder Gegenständen, Quietschen mit Mundstück, Fliegenlassen mit offenem Mundstück)
- Jede Gruppe überlegt sich eine Aneinanderreihung von Geräuschen.
- Zusammensetzung der „Gruppenmelodien" zu einem Stück.
  Variation: mit den Luftballons Kompositionen „erspielen"
  (vgl. Kompositionsspiele)

58 Regenmusik

Ziel(e): mit vorhandenen Instrumenten Regengeräusche erzeugen
Jahrgangsstufe(n): 1 und 2
Zeit: 45 Minuten
Ort: Klassenzimmer
Material/Medien: Zimbeln, Rasseln, Regenrohr, Glockenspiel

Ablauf:
- Nach dem Lesen eines Regengedichtes suchen sich die Kinder Instrumente aus.
- Es wird experimentiert und ausprobiert, welche Instrumente für Regenmusik passen.
- Dazu suchen die Kinder passende Wörter wie plitsch, platsch, plum ...
- Die Wörter werden in Gruppen rhythmisch gesprochen, ein Dirigent zeigt an, wer wann spielt und spricht, auch gleichzeitig, mit verschiedenen Einsätzen.
- Als Abschluss kann ein Plakat mit Regentropfen gestaltet werden.

59 Musikalisches Puppenspiel

Ziel(e): Verknüpfung von Fantasiemusik mit tänzerischem Ausdruck
Jahrgangsstufe(n): alle
Zeit: 10 Minuten
Ort: Klassenzimmer
Material/Medien: Instrumente, Klangkörper, Körperinstrumente

Ablauf:
- Die Klasse wird in zwei Gruppen geteilt, eine Puppen-Gruppe und eine Gruppe von Musikern.
- Die Musiker erwecken die Puppen mit den Instrumenten zum Leben. Passend zur Musik bewegen sich die Puppen durch den Raum.
- Nach einer Zeit werden die Gruppen gewechselt.

60 Zaubermusik

Ziel(e): Bewegen zu Musik, Reaktionsvermögen schulen, Stille erfahren
Jahrgangsstufe(n): alle
Zeit: 10 Minuten
Ort: großer leerer Raum oder Turnhalle
Material/Medien: CD-Player und Bewegungsmusik auf CD oder Klavier etc.

Ablauf:
- Einführung: „Diese Musik ist eine Zaubermusik. Sie verwandelt alle, die sie hören, in Tänzer, die sich so lange bewegen, bis die Musik wieder aufhört. Dann bleiben sie regungslos stehen, als wären sie versteinert. Sobald die Musik wieder beginnt, tanzen sie wieder weiter."
- Die Musik wird dann live oder vom Tonträger gespielt und immer wieder abrupt für eine halbe Minute abgebrochen.
- Die Kinder tanzen dazu. Wer sich nach Abbruch der Musik noch regt, bekommt einen Punkt oder muss eine Runde aussetzen.
- Abwandlung: Beim jeweiligen Musikstopp können die Kinder auch andere vorher besprochene Aufgaben erfüllen, z. B. mit einer Hand die Wand berühren, sich in eine der vier Ecken stellen, unter den Tisch legen, auf einen Stuhl stellen, sich zu dritt zu einem Kaffeekränzchen zusammensetzen ...

61 Klangbilder

Ziel(e): Umsetzen von Eindrücken in Klangbilder
Jahrgangsstufe(n): alle
Zeit: 20 Minuten
Ort: Klassenzimmer
Material/Medien: jegliche Art von Instrumenten, Musikkassetten, CDs

Ablauf:
- Im Gespräch über eine Landschaft, eine Jahreszeit oder ein Naturereignis werden möglichst viele Einzelheiten herausgearbeitet, sodass ein differenziertes „Bild im Kopf" entsteht.
- In Gruppen oder auch alleine versuchen die Kinder, dieses Bild zu vertonen oder einen passenden kurzen Musikausschnitt dazu zu finden.
- Dann wird diese Musik den anderen vorgestellt.
  Welches Bild ist jetzt über die Musik im Kopf entstanden? Hat es sich verändert?
  Ist etwas dazugekommen? Welche Gefühle sind beim Hören entstanden?
- Im Gespräch darüber kann eine gemeinsame Geschichte zu dem Bild entstehen.

62 Klänge-Werkstatt

Ziel(e): Sensibilität für Klänge fördern durch das eigene Ausprobieren und Erfinden; Wegwerfgegenstände kreativ zu Instrumenten umbauen; in einem Klangkonzert neue Hörerlebnisse erfahren

Jahrgangsstufe(n): ein Projekt mit einer jahrgangsgemischten Gruppe

Zeit: je drei Stunden an drei Tagen

Material/Medien: Wegwerfgegenstände zum Instrumentenbau sammeln, Anleitungen dazu zusammenstellen;
Tonbandgerät zum Aufnehmen der entstandenen Klangkonzerte und Klanggeschichten

Ablauf:

Der Ablauf jeden Tages ist gleich: Er beginnt mit einer besonderen Hörerfahrung. Dann werden Klänge produziert oder Klangkörper gebaut. In Gruppen entstehen daraus Klangkonzerte, die im „Tonstudio" aufgenommen werden.

- Die Kinder bekommen als Vorbereitung die Aufgabe, einen besonderen Klang auszusuchen und mitzubringen. In der Anfangsrunde lassen alle ihren Klang hören.
- Die Lehrerin/ein Kind/mehrere Kinder veranstalten ein Klangkonzert (siehe Anregung 16).
- Komponisten–Spiel: Alle Kinder bekommen oder suchen sich ein selbst gebasteltes Instrument und setzen sich in einen Kreis. Ein Kind wird zum Komponisten ernannt: Mit einem Zauberstab bringt er Instrumente zum Klingen, mit einem „Stopp-Ball" lässt er sie wieder verstummen.
  So entstehen mehr oder weniger lebhafte Konzerte, je nach Geschmack des Komponisten.
- Klanggeschichte: Die Lehrerin erzählt eine Geschichte, die sie durch die Verwendung passender Instrumente auch zum Klingen bringt.
- Ein „Klang des Tages" wird vorgespielt.

Präsentation:

- Aus den gebauten Instrumenten entsteht im Schulgarten (oder an einem anderen Platz in der Schule) ein Klanggarten.
- In einer „Hör-Bar" in der Schule können die entstandenen Aufnahmen angehört werden.
  Dann kommen sie in die „Audiothek" im Klassenzimmer, einer Hör-Ecke mit einer Sammlung verschiedener Hörstücke.

Erfahrungen:

Es war erstaunlich, wie sich die Kinder einer bunt gemischten Gruppe aus 8 verschiedenen Klassen von 1–4 gegenseitig zuhörten und mit welcher Hingabe sie sich selbst ausdachten, wie man Klangkörper bauen kann. Auch der Klanggarten wurde einige Wochen rege besucht und ausprobiert.

Kompositionsspiele

Ziel(e): Ziel aller Kompositionsspiele ist das genaue Hinhören mit verteilter Aufmerksamkeit: auf sich, auf den Partner, die Gruppe und den Gesamtklang
Jahrgangsstufe(n): alle
Zeit: variabel
Ort: jeder Ort, der genug Platz bietet
Material/Medien: Alle Arten von Klangerzeugern (vgl. Klangexperimente, S. 50) und Instrumenten; Kassettenaufnahmen bei allen Spielen eignen sich, um den Klang aus der Zuhörerperspektive zu erleben und mit seinem Hörgedächtnis zu vergleichen.

63 Komposition der Gegensätze

Ziel(e): siehe „Kompositionsspiele"
Jahrgangsstufe(n): alle
Zeit: 5 bis 10 Minuten
Ort: Klassenzimmer oder großer Raum
Material/Medien: alle Arten von Klangerzeugern und Instrumenten

Ablauf:
- Die Klasse teilt sich in Paare auf. Vereinbart wird, dass die jeweiligen Partner sich immer mit dem Gegenteil antworten: Spielt der eine laut, antwortet der andere leise, spielt der eine hoch, antwortet der andere mit tiefen Tönen usw.
- Aus den Klängen aller Paare entsteht ein ständig wechselnder Klassenklang.

64 Würfel-Komposition

Ziel(e): siehe „Kompositionsspiele"
Jahrgangsstufe(n): alle
Zeit: 5 bis 15 Minuten
Ort: Klassenzimmer oder großer Raum
Material/Medien: für jedes Paar einen Würfel

Ablauf:
- Die Klasse wird in Paare eingeteilt.
- Entweder werden von der Klasse gemeinsam bestimmte Aktionen für die Würfelzahlen vereinbart oder jedes Paar bestimmt diese für sich alleine. Dies kann z. B. sein: bei einer 1 leise spielen, bei 2 schnell, bei 3 tief, bei 4 säuselnd usw.
- Die Paare würfeln für sich und spielen dann je nach gewürfelter Zahl. So verändert sich der Gesamtklang der Klasse immer wieder.

Statt mit einem Würfel können die Aktionen durch die Bewegungen eines Dirigenten gesteuert werden: mit dem Kopf wackeln = leise spielen, den Fuß heben = schnell spielen, winken = tröpfelnd spielen usw. Der Einfachheit halber dirigiert der Dirigent die ganze Klasse gemeinsam.

65 Komposition im Raum

Ziel(e): siehe „Kompositionsspiele" (S. 62)
Jahrgangsstufe(n): alle
Zeit: 30 bis 45 Minuten
Ort: Klassenzimmer/großer Raum
Material/Medien: Plakate mit verschiedenen musikalischen Handlungsanweisungen, z. B. „laut", „zusammen", „leise", „chaotisch", „geordnet" usw.

Ablauf:
- Die Klasse wird in Gruppen aufgeteilt. Jede Gruppe überlegt sich, wie sie bei den verschiedenen Plakaten spielen will.
- Ein Dirigent wird ausgesucht. Jede Gruppe macht mit dem Dirigenten ein Zeichen aus, das nur für die Gruppe alleine gilt. Dazu wird ein Anfangs- und Endzeichen, das für alle Gruppen gilt, vereinbart.
- Die Plakate werden im Raum verteilt. Jede Gruppe beginnt bei einem Plakat. Es sollte ein Plakat mehr vorhanden sein als Gruppen.
- Auf das Anfangszeichen des Dirigenten fangen alle Gruppen an zu spielen, je nach der Spielanweisung ihres Plakats.
- Der Dirigent bestimmt mit den Gruppenzeichen den Wechsel einer Gruppe: Auf das ausgemachte Zeichen hin hört die Gruppe auf zu spielen, wechselt leise zu einem frei gewordenen Plakat und beginnt wieder zu spielen.
- Mit dem Endzeichen des Dirigenten endet das Stück.

Erfahrungen:
Hier ist es besonders spannend, die Kassettenaufnahme anzuhören, weil die Bewegungen der Gruppen im Raum auch zum Gesamtklang beitragen, aber den Kindern beim Spielen meist noch weniger auffallen als das Spiel der anderen Gruppen. So sind sie vom Höreindruck „von außen" noch mehr überrascht.

(nach einer Idee der Musikgruppe „Musik zum Anfassen")

66 Konzert der Klänge

Ziel(e): Hörerfahrungen zwischen Stille und Klang
Jahrgangsstufe(n): alle
Zeit: 10 Minuten
Ort: Klassenzimmer oder leerer Raum: Die Aufmerksamkeit ist größer, wenn die Kinder genügend Platz haben und sich ungestört auf das Hören konzentrieren können.
Material/Medien: Verschiedene Gegenstände, um Klänge zu erzeugen, z. B. verschiedene Papiere, auch Zeitungen, Zeitschriften, verschiedene Plastiktüten, Metallgegenstände, Glas, Gießkanne mit Wasser, Gabel und Käsereibe, Reiskörner in einer Metalldose, Murmeln in einer Holzschale. Verschiedene „außergewöhnliche" Instrumente wie Regenrohr, Frosch-Quaker, Vogelpfeifen, Holzflöte usw., eventuell Augenmasken (siehe Baustein Hörclub, Anleitung Seite 29) oder Tücher zum Verbinden der Augen: Mit verbundenen Augen wird das Hören intensiver, aber auch „unheimlicher". Es sollte immer ein freiwilliges Angebot sein, eine Augenmaske zu benutzen.

Ablauf:
- Die Kinder verteilen sich im Raum, stellen sich entspannt hin mit geschlossenen oder verbundenen Augen (nur freiwillig).
- Während einer drei- bis fünfminütigen Stillephase (je nach Übung und Alter der Kinder) schleicht die Lehrerin durch den Raum und lässt mit den Materialien verschiedene Töne oder Geräusche erklingen, z. B. Papier knüllen, Wasser in ein Glas gießen, Murmeln rollen lassen, etc.
- Schön ist es, wenn die Klänge eine Zeit lang durch den Raum wandern, auch um die Kinder herum, mal sanft, mal etwas heftiger, mal zwei Klänge gleichzeitig ...
- Danach wird darüber gesprochen, wie die Kinder die Klänge empfunden haben und/oder ob sie erraten konnten, was es war.
- Dieses Klangkonzert könnte zu einem Ritual werden – mit immer wieder neuen Klängen, auch von den Kindern gestaltet mit Klängen, die sie mitbringen.

67 Konzert der Stille

Ziel(e): für Klänge sensibilisieren, die Stille erfahren
Jahrgangsstufe(n): alle
Zeit: ca. 45 Minuten
Ort: jeder Ort, an dem jedes Kind genügend Platz hat, um ungestört hören zu können, im Liegen, Sitzen, Stehen, wie es ihnen gefällt
Material/Medien: Augenmasken (siehe Anleitung S. 29) oder Tücher; Tapetenrolle/Packpapierrolle für die Wandpartitur

Ablauf:

- Die Kinder hören 30 Sekunden mit geschlossenen Augen der Stille zu. Höraufgabe ist, sich zu merken, wann die Klänge zu hören waren: War es eher am Anfang, in der Mitte oder am Schluss?
- Die Klänge werden in Stichworten, Klangwörtern oder mit Zeichen (z. B. ein Strich, wenn der Klang die ganze Zeit zu hören war, Punkte für wiederkehrende Klänge, dynamische Zeichen usw.) auf einer Wandpartitur gesammelt.

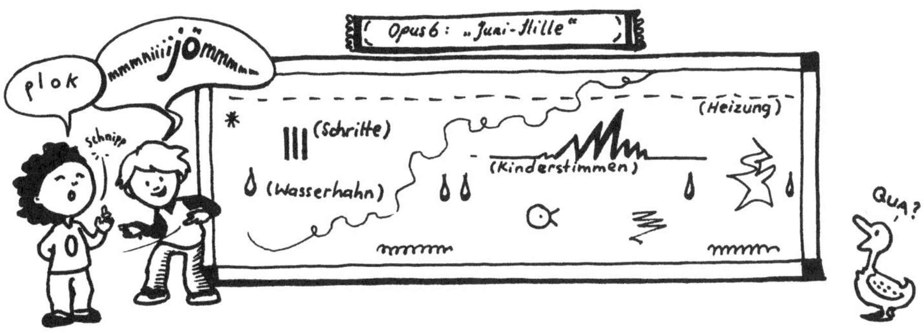

- Jetzt wird die Stille wieder hörbar gemacht, vertont, mit Körperinstrumenten (klatschen, patschen, schnipsen, stampfen), mit den Möglichkeiten der Stimme, mit Gegenständen im Raum, mit Ideen aus den Klangexperimenten ... Der Fantasie sind keine Grenzen gesetzt.
  Wer eine Idee hat, stellt sie vor. Dabei kommt es nicht auf eine realitätsnahe Vertonung an, sondern ob der Klang der Klasse gefällt.
- Sind alle Klänge ausprobiert, wird festgelegt, wer oder welche Gruppe welchen Klang „instrumentiert".
- Gut sichtbar wandert ein Kind als Dirigent mit einem langen Stab an der Wandpartitur entlang und zeigt den Kindern an, wann ihr Klang beginnt und wieder aufhört. So entsteht aus der Stille eine Komposition.
- Wenn das entstandene „Konzert der Stille" auf Kassette aufgenommen wird, ist ein ganz anderer Höreindruck als beim Spielen zu erleben.

Ausweitung:
Über das Jahr verteilt kann die Stille jeden Monats aufgenommen werden. So entsteht ein „Akustischer Kalender" als Erinnerung an das Schuljahr, der auf dem Schulfest oder in der Schule verkauft werden kann und Geld in die Klassenkasse bringt. Interessant ist auch, die Wandpartitur nach einiger Zeit wieder zu vertonen und das Ergebnis zu vergleichen.

(nach einer Idee der Musikgruppe „Musik zum Anfassen")

68 Wir gründen ein Dosenorchester

Ziel(e): mit Alltagsklängen miteinander musizieren; Wahrnehmen von Lautstärke; Schulung des Rhythmusgefühls
Jahrgangsstufe(n): alle
Zeit: ab 60 Minuten
Material/Medien: Die Kinder sammeln Dosen in verschiedenen Größen und Formen und bringen diese mit in die Schule. Beim Befüllen sind der Fantasie keine Grenzen gesetzt. Im Laufe der Zeit können etwa dreißig verschieden klingende Dosen für das Orchester ausprobiert werden. Beispiele für den Inhalt: Vogelsand, Nägel, Reis, Nudeln, Korken, Bausteine, Murmeln, kleine Gummibälle und Kastanien.

Ablauf:
- Die Dosen werden nach Lautstärke geordnet: laut, mittel und leise. Anschließend werden diese Dosengruppen ausprobiert, miteinander verglichen und zum Teil noch einmal neu sortiert.
- Jedes Kind entscheidet sich für eine Dose. Im Kreis sitzend, experimentieren die Kinder gemeinsam mit den Dosen. Es wird geklopft, geschüttelt, gerührt, auf den Deckeln gekratzt, getrommelt, mit den Dosen auf den Boden geschlagen und gerollt. Mit Lehrerhilfe werden verschiedene Pattern erarbeitet und aneinandergesetzt, sodass im Laufe der Stunde eine Klangabfolge entsteht.
- Um den Klangablauf festzuhalten, wird an einer Partitur gearbeitet und diese dann auf einer großen Papierrolle aufgeschrieben (siehe Anregung 67).
  Die Kinder legen verschiedene Zeichen dafür fest – z. B. wird für ein Schütteln ein senkrechter Strich gewählt.
- Um einen öffentlichen Auftritt abwechslungsreicher zu gestalten, kann eine Choreografie mit den Kindern entwickelt werden. Es kann in der Hocke, in einer Wellenbewegung, gruppenweise, einzeln, im Kreis oder im Gehen musiziert werden.

Ausweitung:
Ziel der Unterrichtseinheit kann ein Auftritt bei einem Schulfest sein. Sie eignet sich aber ebenso für den Musikunterricht, in dem immer ein motivierendes und veränderbares Material für jeden Schüler zur Verfügung steht. Die Dosen können des Weiteren sehr gut für einen Ratestand verwendet werden (für Eltern, aber auch für andere Klassen): Jede Dose bekommt eine Nummer, die Kinder notieren auf einem Extrablatt Nummer und Inhalt, um den Überblick nicht zu verlieren. Außerdem können verschiedene Dosenorchesterstücke z. B. zu den Jahreszeiten in einem „Akustischen Kalender" (vgl. Anregung 67) gesammelt werden.

Die Motivation der Kinder kann über viele Wochen erhalten werden, wenn man die Eigeninitiative und Selbsttätigkeit zulässt und unterstützt. Ergebnisse sind rasch zu hören und die Kinder wollen immer wieder ihre neuen Ideen und Vorschläge einbringen.

Tipp: Damit sich die Deckel nicht beim Bewegen (Schütteln etc.) lösen, können sie mit Kreppband verschlossen werden.

69 Klang-Geschichten: Morgenstimmung

Ziel(e): Morgenstimmung mit Klängen ausdrücken; eine Partitur erstellen;
Vergleich mit einem klassischen Musikstück
Jahrgangsstufe(n): ab 3. Klasse
Zeit: ca. 45 Minuten
Ort: Klassenzimmer
Material/Medien: Geräuschemacher (Wecker, Geschirr, Wasser, Zahnbürste, Stimme...), Tapeten- oder Papierrolle für die Partitur, Aufnahmegerät, Mikrofon, Kassette, CD mit Edvard Griegs „Morgenstimmung"

Ablauf:
- am Vortag das Vorhaben bekannt geben (eine Aufnahme der „Morgenstimmung der 4a" mit realen Geräuschen); eine Liste über die benötigten Geräuschemacher anfertigen (Wecker, Geschirr usw.) und besprechen, wer was mitbringt
- Im gemeinsamen Gespräch über die verschiedenen „Morgenstimmungen" zu Hause wird eine Partitur erstellt, die festlegt, wann welcher morgendliche Klang wie lange zu hören ist.
- Anschließend werden die „Musiker" für die Klänge festgelegt und auf der Partitur festgehalten.
- Ein Dirigent zeigt den Verlauf an der Partitur an (vgl. Anregung 67 „Stille").
- Nach ein paar Probeläufen wird die „Morgenstimmung" auf Kassette aufgenommen.

Ausweitung:
Zum Vergleich bietet es sich an, die „Morgenstimmung" von Edvard Grieg zu hören und mit der eigenen Aufnahme zu vergleichen.

siehe Hörbeispiel Nr. 6

70 Die Moldau

Ziel(e): eine Landschaftsbeschreibung zeichnerisch in Bilder umsetzen; Bilder in Klänge umsetzen, eine Partitur erstellen, Vergleich mit einem klassischen Musikstück
Jahrgangsstufe(n): ab 3. Klasse
Zeit: ca. 45 Minuten (ohne Vergleich mit B. Smetanas „Die Moldau")
Ort: Klassenzimmer
Material/Medien: Stimme, vorhandene Orffinstrumente, Tapeten- oder Papierrolle für Partitur, Aufnahmegerät, Mikrofon, Leerkassette, CD „Die Moldau" von B. Smetana

Ablauf:
- In einem Lesestück erfahren die Kinder etwas über das Leben Smetanas und über Ursprung und Verlauf der Moldau bis Prag.
- Die Erzählung wird in vier Bilder aufgeteilt, die auf die Papierrolle (Partitur) gezeichnet werden.
- In Gruppen- oder Klassenarbeit setzen die Kinder die Bilder in Geräusche und Klänge um, mit passenden Orffinstrumenten und mit Einsatz der Stimme (z. B. in der Schlucht Vokallaut „u", beim Verlassen der Schlucht „a", als Quellfluss mit Einsatz von Explosivlauten).
- Sie ergänzen die Partitur mit Zeichen für die Geräusche, deren Dauer und den Namen der „Musiker".
- Ein Dirigent zeigt an, wer wann spielt (vgl. Anregung 67).
- Das Stück wird auf Kassette aufgenommen.

Ausweitung:
„Die Moldau" von Smetana hören und mit der eigenen Aufnahme vergleichen

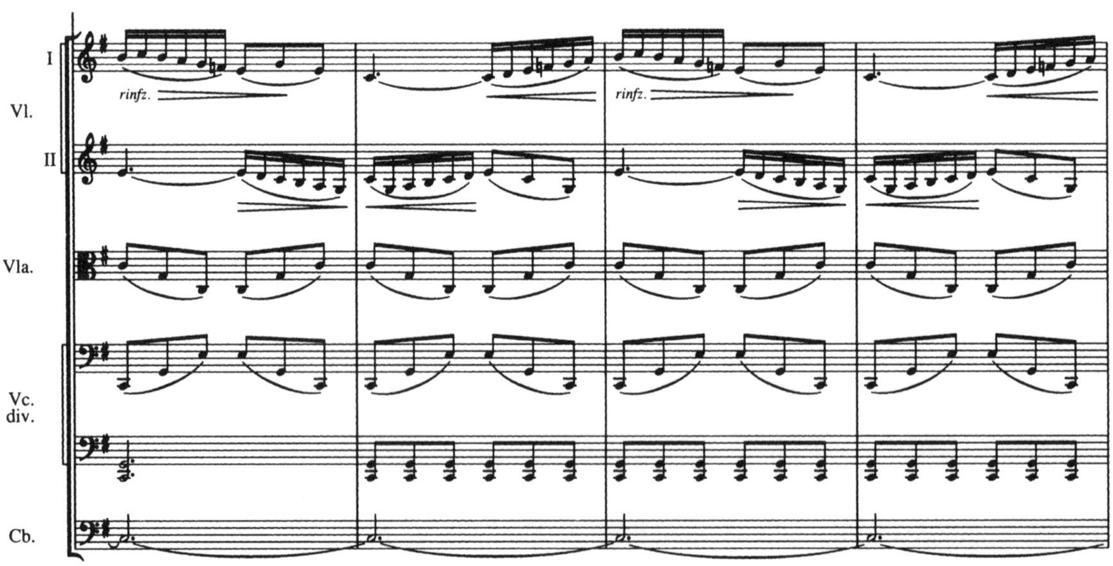

siehe Hörbeispiel Nr. 7

Sprechen – Zuhören – Verstehen

Problemfeld

In der Schule wird viel gesprochen, im, während und außerhalb des Unterrichts. Und dennoch werden den Schülerinnen und Schülern mangelnde sprachliche Fähigkeiten nachgewiesen. Viele Kinder bringen wohl schon ein geringes Sprachverständnis in die Schule mit (vgl. Bericht des Deutschen Jugendinstituts 2002). Sprachliche Defizite wirken sich dann nicht nur auf die Lese- und Schreibkompetenz aus, sondern auch auf die kognitive, emotionale und soziale Entwicklung insgesamt (Martschinke u.a. 2001; Reinmann-Rothmeier/Mandl 1997; Petillon 1993).

Bedenkt man die Bedeutung gerade der frühen Sprachlernprozesse für die weitere Entwicklung, dann kommt der Grundschule eine besondere Rolle zu, um die Sprachkompetenz der Kinder als Basisqualifikation für alle Lern- und Leistungsbereiche zu fördern.

Handlungsidee

Bewusst zuhören, um zu verstehen

Hören und Sprechen bedingen sich gegenseitig. Die gewohnte Wahrnehmung zu durchbrechen und der Sprache, dem Klang der Laute, Wörter und Sätze nachzuhorchen, erweitert über das „innere Hören" (Bergmann 2000) die Sprachkompetenz. Sich bewusst zuhörend mit Lyrik, Literatur und auditiven Medien auseinanderzusetzen, bietet über die sprachliche Bedeutungsebene hinaus einen ästhetischen Zugang und fördert Fantasie und Kreativität.

Der Schwerpunkt beim handelnden Umgang mit Sprache liegt auf dem Austausch über die individuellen Wahrnehmungen und den Bedingungen des Zuhörens. Verbunden sind damit neue Möglichkeiten, über Sprechen und Sprache Zuhörsituationen zu gestalten und zu einer Kommunikation beizutragen, die der Verständigung dient.

Ziele

- Sprachgefühl entwickeln,
- die Ohren öffnen für die Vielfalt an sprachlichen Ausdrucksmöglichkeiten,
- die Bedeutung von Unterschieden im Sprachklang verstehen,
- sprachliche Fähigkeiten zur Gestaltung von Zuhörerlebnissen erweitern,
- eigenes Sprechen zuhörförderlich gestalten,
- Sprache als beziehungs- und gemeinschaftsförderndes Mittel der Verständigung erleben,
- über Sprache und Sprechen zu einem anerkennenden und achtsamen Umgang miteinander beizutragen.

Überblick über die Anregungen dieses Bausteins

Stimme als Träger von Sprache

Sprechen und Sprache leben von der Stimme. Als Träger der Sprache und Ausdruck der Person wirkt die Stimme auf den Zuhörer und beeinflusst, wie er das Gesprochene versteht. Deswegen leiten Übungen zur Stimme den Baustein ein. Sie sollen auch helfen, der stimmlichen Belastung der Lehrerinnen und Lehrer entgegenzuwirken (**Handlungsfeld I**, S. 71–79).

Sprache als Klangereignis

Um die Verbindung der ästhetischen und akustischen Dimension von Sprache geht es im **Handlungsfeld II** (S. 80–87). Der Klang von Sprache und Sprachen, Sprachspiele, die Vertonung von Texten und das klangvolle Schreiben über Gehörtes stehen im Mittelpunkt. Aber auch die Auseinandersetzung mit Bedingungen für das eigene Zuhören sind Bestandteil dieses Handlungsfelds.

Sprechen zur Gestaltung von Hörerlebnissen ...

Die Kunst des Erzählens zu üben, um Hörerlebnisse zu gestalten, erweitert nicht nur die mündlichen Sprachfähigkeiten, sondern bietet über die Interaktion mit dem Zuhörer sowohl gemeinschaftsstiftende Erfahrungen als auch die Erfahrung, gehört und als Person wahrgenommen zu werden (**Handlungsfeld III**, S. 88–92).

... und als Ausdruck von Achtsamkeit und Anerkennung

Im **Handlungsfeld IV** (S. 93–98) ist das Miteinandersprechen Ausgangs- und Zielpunkt, um sich über das soziale Klima zu verständigen und den kommunikativen Umgang miteinander so zu gestalten, dass der Einzelne Achtsamkeit und Anerkennung erfährt.

Weitere Materialhinweise

Film „Erzählen - Zuhören - Verstehen.
Die Erzählwerkstatt“, zu beziehen über
Unterrichtsmitschau und didaktische Forschung
Ludwig-Maximilians-Universität München
Martiusstraße 4, 80802 München
Tel. 089/2180-4831
Fax 089/2180-4833
E-Mail: lmu.unterrichtsmitschau@lrz.uni-muenchen.de
www.lmu.de/unterrichtsschau

Zum Weiterlesen

Bergmann, K. (2000): Hörgänge. Konzeption einer Hörerziehung für den Deutschunterricht, Athena-Verlag, Oberhausen.

Berner, R. & Jacoby, E (1999): Dunkel war's, der Mond schien helle. Verse, Reime und Gedichte, Hildesheim (mit CD).

Bundeszentrale für gesundheitliche Aufklärung (Hrsg.) (2002): Achtsamkeit und Anerkennung. Materialien zur Förderung des Sozialverhaltens in der Grundschule, Köln.

Deutsches Jugendinstitut e. V. (Hrsg.) (2002): Sprachförderung im Vor- und Grundschulalter. Konzepte und Methoden für den außerschulischen Bereich, München.

Eckert, H. & Laver, J. (1994): Menschen und ihre Stimmen. Aspekte der vokalen Kommunikation, Weinheim.

Ehrlich, K. (2004): Erzählraum Schule – Ein kleines Plädoyer für eine alltägliche Kunst. In: Grundschule 2/2004, 43–44.

Friedrich, G. (2000): Die Stimme und ihre Wirkungen. In: Huber, L. & Odersky, E. (Hrsg.): Zuhören – Lernen – Verstehen, Braunschweig, 58–71.

Görner, L. (1998): Das große Kindergedichte-Buch, Köln (mit 2 CDs).

Handerer, H. & Schönherr, C.: Körpersprache und Stimme. Praktische Beispiele zur Verbindung von Mimik, Gestik, Bewegung, Gestaltung und Stimme im Unterricht, Oldenburg.

Heckt, D. & Jürgens, E. (Hrsg.) (1996): Anders kommunizieren lernen, Westermann Verlag, Braunschweig.

Klippert, H. (1999): Kommunikationstraining. Übungsbausteine für den Unterricht, Weinheim und Basel.

Manz, H. (1991): Die Welt der Wörter. Sprachbuch für Kinder und Neugierige, Weinheim und Basel.

Martschinke, S.; Kirschhock, E.-M. & Frank, A. (2001): Diagnose und Förderung im Schriftspracherwerb. Der Rundgang durch Hörhausen. Erhebungsverfahren zur phonologischen Bewusstheit, Band 1, Donauwörth, Auer-Verlag.

Papst-Weinschenk, M. (2000): Die Sprechwerkstatt. Sprech- und Stimmbildung in der Schule, Braunschweig.

Petillon, H. (1993): Das Sozialleben des Schulanfängers. Die Schule aus der Sicht des Kindes, Weinheim.

Reinmann-Rothmeier, G. & Mandl, H. (1997): Kompetenzen für das Leben in einer Wissensgesellschaft. In: Höfling, S. & Mandl, H.(Hrsg.): Lernen für die Zukunft – Lernen in der Zukunft. Wissensmanagement in der Bildung.

Reimann, G. (Hrsg.) (2005): Erfahrungswissen erzählbar machen. Narrative Ansätze für Wirtschaft und Schule, Lengerich.

Spohn, J. (1980): Drunter & Drüber. Verse zum Vorsagen, Nachsagen, Weitersagen, München.

Stierlin, L. & Schulz von Thun, F. (2000): Zur Psychologie des guten Zuhörens. In: Huber, L. & Odersky, E. (Hrsg.): Zuhören – Lernen – Verstehen, Westermann, Braunschweig, 26–38.

Trautmann, T. (1997): Wie redest du denn mit mir? Kommunikation im Grundschulbereich, Baltmannsweiler.

Vahle, F. (1994): Der Himmel fiel aus allen Wolken. Weinheim und Basel (auch als Kassette bzw. CD).

Velter, S. & Geschwendtner, H. (1998): Zauberer Zauselkopf. Klanggeschichten für Kinder, Düsseldorf (mit Kassette bzw. CD).

Autor/Autorinnen:

Stefanie Borm (Anregung 76 II, 77),
Martin Ellrodt (Anregung 90, 92–97),
Martina Fenle und Monika Albrecht (Anregung 89),
Petra Gewald-Heine (Anregung 88),
Mechthild Hagen (Anregung 78, 80, 82),
Marga Kajanne (Anregung 100),
Angelika Köppel (Anregung 80),
Sabine Poppe (Anregung 88),
Birgit Rechtenbacher (Anregung 86, 96/97),
Marcella Reinertshofer-Beck (Anregung 71–76 I, 78),
Sandra Schrade (Anregung 79–81, 83, 98/99),
Gabi Vogt (Anregung 77/78, 81, 91),
Monika Wolf (Anregung 87),
Gerhild Wortmann (Anregung 85),
Bearbeitung: Mechthild Hagen

Arbeit mit der Stimme sollte immer prozessorientiert, nicht ergebnisorientiert sein. Denn es geht darum, die Selbstbeobachtung und Wahrnehmung zu fördern und die Übungen mit der eigenen Person in Verbindung zu bringen.
Deshalb sollte beim Arbeiten mit der Stimme einmal mehr nicht am Defizit gelernt werden, sondern an den Fähigkeiten, an dem, was gelungen ist.

Ziel(e):
- den Körper als Instrument der Stimme erfahren
- den Zusammenhang zwischen Bewegung und lebendigem Sprechen erleben
- mit Stimme und Körper kommunizieren
- die Einheit von Stimme und Person entdecken

Die ersten Übungen (Anregungen 71 bis 76) sollten als Grundübungen immer wieder ins Gedächtnis gerufen werden, um „gutes" Sprechen vor der Klasse vorzubereiten.

71 Die Stimme auf die Füße stellen

seinen Standpunkt finden

Im Stehen wird ein Tennisball unter einer Fußsohle gerollt. Die ganze Fußsohle soll aktiviert werden. Tut es an einer Stelle weh, dort etwas länger mit dem Ball bleiben und sich vorstellen, man könne den Schmerz in den Boden abgeben. Dann den Fuß wechseln.

Beobachtungsaufgabe

Wie fühlt sich das Bein nach dem Rollen des Tennisballs an im Vergleich zu dem anderen Bein? Wie ist der Bodenkontakt? Wie aufrecht stehe ich nach der Übung?

72 Sprechbereit sein – der Stimme einen Körper geben

Wie bei einer Marionette, deren Fäden locker sind, fällt der Körper in sich zusammen. Dann stellen wir uns vor, der Puppenspieler nimmt den mittleren Faden, der an unserem Kopf befestigt ist, und richtet uns langsam auf, so weit, bis wir ohne Anstrengung gerade stehen und der Atem von alleine in den Körper einströmt.

- Ist eine mittlere Körperspannung spürbar, auch wenn wir ohne Anstrengung stehen? Dann erst ist der Körper sprechbereit.
- Jeder sucht sich einen kleinen Text oder ein Gedicht aus.
  Zunächst spricht er ihn in lässiger Haltung für sich alleine durch.
- Dann sucht sich jeder einen Partner, nimmt die Sprechbereitschaftsstellung ein und spricht den Text gerichtet an den Partner.
- Als dritte Stufe spricht er den gleichen Text in Sprechbereitschaftshaltung vor der ganzen Klasse mit der Vorstellung, als angesehener Autor vor einer großen Zuhörerschaft zu stehen und den ganzen Raum mit seiner Stimme auszufüllen.
  Dabei gilt: Zeit lassen, Ruhe bewahren, locker bleiben, „bewusst stehen" (d. h. an die Füße denken, aufrecht stehen) und die Zuhörer ansprechen.

73 Seinen Mittelpunkt finden – der Stimme Atem geben

sich wahrnehmen/ den Atem beobachten

Pendeln 1:
Jeder sucht sich einen Platz und stellt sich ruhig hin.
Die Aufgabe ist, wahrzunehmen, wie sich der Körper beim Stehen verhält. Wird eine Bewegung wahrgenommen, soll dieser nachgegangen werden, bis man seinen Mittelpunkt gefunden hat.

bei sich sein

Pendeln 2:
Kann man völlig ruhig stehen? Jeder probiert es in aller Ruhe für sich aus. Den Atem fließen lassen und dennoch völlig ruhig zu stehen, ist nicht möglich, denn Atem ist Bewegung.

sich einpendeln

Pendeln 3:
Jeder pendelt für sich bewusst nach vorne und zurück. Dabei geht es darum, die Grenzen auszuloten und zu erleben, dass man nicht fällt, sondern immer wieder zur Mitte zurückpendelt. Was macht der Atem dabei?

Pendeln 4:
Atem und Bewegung sollen sich rhythmisch „einpendeln“: Dazu pendelt jeder in seinem Tempo vor und zurück. Dabei soll beim Rückpendeln der Atem kommen (kein aktives Einatmen!), beim Vorpendeln soll auf „ffff“ ausgeatmet werden.

bei sich bleiben, dennoch Kontakt aufnehmen

Pendeln 5:
Wie Pendeln 4, doch soll das „ffff“ beim Ausatmen jetzt einem anderen „geschenkt“ werden. Das heißt, jeder pendelt weiterhin in seinem Tempo. Beim Vorpendeln und Ausatmen wird das „ffff“ quasi auf eine Handfläche gelegt und im Rhythmus des Schwunges mit der Hand zu einem anderen weitergetragen.
Die Übung kann ebenso mit „www“ und stimmhaftem „sss“ (wie beim Bienensummen) ausprobiert werden.

74 Warm-ups für die Stimme

Körper aktivieren:
- dehnen – rekeln – gähnen und dabei den ganzen Körper miteinbeziehen
- sich abklopfen und sich ausschütteln
- sich aufrichten (im Sitzen oder Stehen)

Aktivierung des Zwerchfells:
- durch die Nase hecheln, aber mit geschlossenem Mund und dabei spüren, wie die Bauchdecke „wackelt"
- st – pst – kst – ft – scht – pscht sprechen und dabei kräftig die Hände gegeneinanderdrücken; dabei spüren, wie sich der Bauch mit dem Händedruck anspannt und beim „t" am Ende loslässt (abspannt)
- Lachübung ha-ha-ha-ha-ha; ho-ho-ho-ho-ho-, he-he-he-he-he; dabei „wackelt" die Bauchdecke locker mit

Mund- und Gesichtsmuskulatur aufwärmen:
- Grimassen schneiden: Stirn – Augen – Nase – Lippen möglichst kräftig einbeziehen
- das Gesicht von der Stirn bis zum Kinn leicht massieren, erst die eine Hälfte und spüren, wie diese sich im Vergleich zu der anderen Hälfte anfühlt; dann die andere Hälfte massieren, dann beide gleichzeitig
- „Luft kauen": mit geschlossenen Lippen kauen, ohne dass sich die Zähne berühren, dazu dann auf „m" summen

Stimme spüren:
- Hände leicht auf die Wangen legen, der Wärme nachspüren
- Hände leicht auf die Wangen legen, „mmmh" summen – ganz entspannt und emotionsfrei der Vibration nachspüren; dann die Hände vom Gesicht so weit wegführen, wie die Wärme und die Vibration noch spürbar sind. Wann bricht sie ab und wo finde ich sie wieder?
- Die Fingerkuppen leicht auf den Mund legen, Lippen leicht aufeinanderlegen, dazu „mmmh" summen und die Vibration spüren.
  Die Finger wandern dann über die Nase zur Stirn und wieder zum Kinn zurück und spüren der Vibration nach.

75 Mit der Stimme Kontakt aufnehmen

Bei den folgenden Kreisübungen ist es wichtig, immer aufmerksam zu sein und sofort weiterzumachen, sodass ein Rhythmus entsteht.

Ziel(e): siehe S. 71
Jahrgangsstufe(n): alle
Zeit: je Übung etwa 5 Minuten
Ort: Klassenzimmer
Material/Medien: Ball

Ballspiel 1: **Der Stimme nachspüren**
Alle stehen in einem Kreis. Ein Ball wird im Kreis von einem zum anderen übergeben mit „Ich heiße ... und das ist ...". Es wird also zunächst der eigene Name gesagt, dann der des anderen.

Ballspiel 2: **Kontakt zum anderen aufnehmen**
Wie Spiel 1, nur wird jetzt der Ball mit dem Namen des anderen übergeben. Der Nachbar wird also bei der Übergabe mit seinem Namen angesprochen.

Ballspiel 3: **Dynamisches Sprechen**
Alle stehen im Kreis. Ein Kind nimmt Blickkontakt zu jemandem auf und prellt dann den Ball mit einer Ausholbewegung zu diesem Kind im Kreis. Dabei wird der eigene Name gesagt.

Ballspiel 4: Wie Spiel 3, nur wird jetzt wieder der mit Namen angesprochen, zu dem der Ball geprellt wird.

Ho-Übung: **Lautes Sprechen „aus dem Bauch heraus" ohne Druck**
Alle stehen im Kreis, die Hände leicht in die Seiten gestützt. Der Reihe nach gibt jeder sein Wohlgefallen kund mit einem zustimmenden „Ho".
Der Klang soll aus der Körpermitte kommen (zwischen den Händen sprechen), dabei soll die Bewegung der Bauchdecke spürbar sein.

Megafon-Übung: **Der Stimme Raum geben**
Alle stehen im Kreis. Der Reihe nach formt jeder mit den Händen einen Trichter als „Megafon" vor dem Mund und ruft den anderen ein kräftiges „Hallo" zu.

76 I Lebendiges Sprechen

Ziel(e): siehe S. 71
Jahrgangsstufe(n): alle
Zeit: 5 bis 10 Minuten
Ort: Klassenzimmer
Material/Medien: Seil, lange Pfauenfedern oder ein Stab

Balanceübung 1: Zwei Kinder stehen sich an einem Seil gegenüber. Während sie auf dem Seil aufeinander zubalancieren, rufen sie sich abwechselnd Reihenelemente zu – das Abc, die Wochentage, die Monatsnamen usw.

Balanceübung 2: Während Pfauenfedern oder ein Stab in der Hand balanciert werden, werden kurze Wörter gesprochen (ja, schau, los, genau usw.).

Balanceübung 3: Zwei Kinder stehen sich gegenüber, balancieren Pfauenfedern oder einen anderen Gegenstand und rufen sich kurze Sätze zu: z. B. „Mach mal mit", „Das geht gut", „Das macht Spaß".

Beobachtungshinweis:
Atmung und Stimme müssen mühelos sein, dazu soll das Ausgleichen des Körpers beim Balancieren dienen. Mit dieser „gespannten Lockerheit" klingt die Stimme nach und das Wort schwingt aus.

Vorbereitungen für eine gute Artikulation:
- Wangenmuskulatur weich kneten, bis der Kiefer locker nach unten fällt
- Handballen vor die Ohren legen und nach unten streichen, sodass sich der Unterkiefer öffnet
- Kiefer locker lassen, Lippen schließen und Kiefer leicht nach rechts und links – vor und zurück – auf und ab bewegen
- mit der Zunge um die Zähne fahren
- das Geräusch eines Automotors mit vibrierenden Lippen nachahmen (brrrrrrr)

76 II Lebendiges Sprechen

Deutliches Sprechen:
Spiel „Autorennen“: Die Kinder sitzen im Kreis. Jedes Kind denkt sich ein Wort mit „P“ aus. Nach dem „Startschuss“ wirft jeder nacheinander sein Wort in die Runde, wobei das „P“ besonders deutlich gesprochen wird, sodass die Bauchdecke dabei ‚mithüpft‘.
Bei einem falschen Wort gibt es einen „Crash“ und man beginnt von vorne.
Ist die Runde beim letzten Kind angekommen, beginnt die nächste Runde aus Wörtern mit „F“, dann mit „K“, „L“, „M“, „Sch“, „W“.

Artikulationsübung für schnelle Zungen:
„Auf dem Land“ von Ernst Jandl (siehe Seite 99):
Zwei Kinder lesen sich den Text abwechselnd vor.
Gewechselt wird nach jedem Tier.
Der erste Durchgang wird langsam gelesen.
Dann wird die Geschwindigkeit allmählich gesteigert, doch nur so weit, dass noch ein lockeres Sprechen möglich ist.

77 Stimme und Person

Ziel(e): siehe S. 71
Jahrgangsstufe(n): alle
Zeit: 30 bis 45 Minuten
Ort: Klassenzimmer
Material/Medien: Kassettenrekorder, Mikrofon

Ablauf:
- Ein kurzer Text – z. B. „Jetzt nehme ich meine Stimme auf. Ich bin gespannt, wie sie klingt. Ob die anderen sie wohl erraten, wenn wir nachher das Band anhören?“ – wird von jedem Kind auf Kassette gesprochen, möglichst ohne dass die anderen Kinder die Reihenfolge mitbekommen.
- Die Aufnahmen werden angehört.
  Wer erkennt zuerst, wer spricht?

Ausweitung: Jetzt werden einige Aufnahmen noch mal angehört. Dabei kann überlegt werden, woran jemand zu erkennen ist, wie sich die Stimme beschreiben lässt und was das Besondere bei jeder Stimme ist.
So lassen sich auch viele verschiedene Eigenschaftswörter finden, um Stimmen zu beschreiben. Natürlich können auch neue Wörter zur Beschreibung erfunden werden, wenn keine anderen passen.

78 Mit der Stimme kommunizieren

Ziel(e): siehe S. 71
Jahrgangsstufe(n): alle
Zeit: 30 bis 45 Minuten
Ort: Klassenzimmer
Material/Medien: Kassettenrekorder, Mikrofon, Kassette

vorbereitende Übung

Virtuelles Tischtennisspiel:
Partnerweise spielen die Kinder mit der Hand einen gedachten Tischtennisball hin und her. Dabei begleiten sie ihren Schlag zunächst mit einem „hopp" , später dann auch mit anderen Wörtern durcheinander, z. B. „ping", „plopp", „jetzt", „da", „kommt" usw.

Spiel:

Blabla-Spiel:
Zwei bis drei Kinder suchen sich eine Situation aus (z. B. Diskussion auf dem Fußballplatz, wer in welcher Mannschaft spielt; ein Streich wird ausgeheckt ...) und überlegen sich, welche Rolle sie dabei vertreten wollen.
Dann spielen sie der Klasse die Situation und ihre Rolle vor, aber ohne Wörter, nur mit „blablabla" und dem Klang ihrer Stimmen. Die anderen versuchen, die Situation zu erraten.

Ausweitungen:

Dialoge können auch in „normaler" Sprache gespielt werden in verschiedenen Variationen, beispielsweise ein Streitgespräch zwischen einem tadelnden Vater und einem/einer trotzigen Sohn/Tochter kann umgewandelt werden: Nun ist der Vater nämlich verständnisvoll.
Kann der Sohn/die Tochter dann trotzig bleiben?
Paarweise überlegen sich die Kinder eine Situation zu dem Text *„Was ist los mit Perlemann?"* (siehe unten), die sie dann den anderen vortragen. Was stellen sich die anderen vor, in welchem Zusammenhang der Dialog stattfindet?

Was ist los mit Perlemann?

A: Perlemann kommt übrigens nicht.
B: Wieso denn das?
A: Keine Ahnung, er hat vorhin hier angerufen und gesagt, dass er nicht kann.
B: Aber das kann doch nicht wahr sein. Hat er sonst nichts gesagt? Warum er nicht kann?
A: Er hat nur gesagt, er kann nicht.
B: Und hast du nicht mal nachgefragt?
A: Ach Gott.
B: Du hättest wenigstens mal nachfragen können.
A: Hätte ich(?)
B: Und warum hast du nicht nachgefragt?
A: Ist das denn so wichtig?
B: Schon gut.

(Text aus: Pabst-Weinschenk, M. (2000): Die Sprechwerkstatt. Braunschweig, S. 121)

79 Mit der Stimme Personen beschreiben

Ziel(e): siehe S. 71
Jahrgangsstufe(n): alle
Zeit: 45 Minuten, oder auch in freien Arbeitszeiten, als Brieffreundschaftsprojekt über ein Jahr verteilt
Ort: Klassenzimmer
Material/Medien: Kassettenrekorder, Mikrofon, Kassette, Ganzkörperfoto von jedem Kind

Ablauf:

- Die Kinder sammeln zunächst Stichpunkte, um sowohl ihr Aussehen als auch ihren Charakter oder ihre persönlichen Eigenheiten zu beschreiben.
- Dann nehmen sie ihre „akustischen Steckbriefe" auf Kassette auf, frei gesprochen nur mit Hilfe der Stichpunkte, um die Lebendigkeit zu erhalten.

Ausweitungen: Im Rahmen eines Brieffreundschaftsprojektes mit einer anderen Klasse können die Aufnahmen zusammen mit den Fotos und einer Spielanleitung (siehe unten) der Partnerklasse geschickt werden. Diese kann die Kassetten mit ihren akustischen Steckbriefen wieder zurückschicken, auch von Partner zu Partner.
Aufgenommen werden können zum Beispiel auch die Lieblingsgeräusche jedes Kindes, ein „Hörkompott" der Klasse – verschiedene Geräusche, zu denen sich die Partnerklasse eine Geschichte ausdenkt, aufnimmt und zurückgeschickt – oder ein „akustisches Klassenlogo" als eine Komposition aus den Klängen, die typisch für die Klasse oder für ihre Eigenschaften sind.

Spielanleitung

Materialien: Foto von jedem Kind der Klasse;
akustische Personenbeschreibungen auf Kassette;
Lösungsliste (für die Lehrerin)

Anleitung:

- Fotos an die Tafel hängen
- Die Personenbeschreibungen werden angehört.
  Welche Beschreibung passt zu welchem Bild?
  Wer erkennt die meisten Personen?

Das Spiel kann auch in Gruppen durchgeführt werden.

siehe Hörbeispiele Nr. 8 und Nr. 9

80 Mit der Stimme Sprache gestalten

Ziel(e): siehe S. 71
Jahrgangsstufe(n): Klassenstufen 3–4
Zeit: 10 bis 20 Minuten
Ort: Klassenzimmer
Material/Medien: Kassettenrekorder, CD-Spieler

Stimme variieren: „fmsbwtözäu“: Ein Ausschnitt aus der „Ursonate“ von Kurt Schwitters (siehe Seite 99) wird als Geschichte erzählt. Der Inhalt wird nur über die Variation der Stimme vermittelt. Als Anregung kann auch zuerst der Ausschnitt angehört werden (Hörbeispiel Nr. 10).

Stimmführung nachahmen: Von einer fremdsprachlichen Kassette wird nur der Sprecherduktus nachgeahmt, zunächst ohne Wörter, dann auch einzelne Sätze, eventuell ein ganzer Dialog.

Stimmqualitäten ausprobieren: „Ottos Mops“ von Ernst Jandl (siehe Seite 99): Das Gedicht wird in verschiedenen Tonhöhen und Stimmqualitäten geleiert, geflüstert, gepresst ... Was spüren die anderen beim Zuhören bei sich selber?

Variation1: Die Sprecher stehen nicht sichtbar hinter einem Vorhang.

Variation 2: Die Vorträge werden auf Kassette aufgenommen.
Bei beiden Variationen können die Kinder ausprobieren, ob sich beim Zuhören etwas ändert im Vergleich zum „Live“-Vortrag. Wer erkennt den Sprecher?

Stimmungen ausdrücken: „Floskeln“ von Otto Wiemer (siehe Seite 99): Die Kinder bilden einen Kreis. Zunächst liest der Reihe nach jeder eine Zeile, gerichtet an seinen Nachbarn. Danach wählt jeder eine Floskel aus, mit der er irgendjemanden aus dem Kreis über Stimme und Körpersprache deutlich anspricht.
In der dritten Runde wählt sich jeder eine Stimmung aus (z. B. ärgerlich, freudig, erregt, hektisch, wütend usw.), in der er dann einige Floskeln hintereinander zu seinem Nachbarn gewendet liest, ohne aber seine gewählte Stimmung zu benennen. Kommt die Stimmung bei dem anderen allein über den Stimmausdruck an?

Tipp: Vielen Gedichtsammlungen sind Audio-CDs beigefügt. Ein Vergleich von Darstellungen des gleichen Gedichts durch verschiedene Sprecher lässt deutlich die Wirkung der Stimme zur Gestaltung des Inhalts erfahren. (Beispiel: Der Zauberlehrling, Nr. 11 und 12 auf der Audio-CD). Abgesehen davon geben sie professionelle „Modelle“ zur Entwicklung der eigenen Gestaltungsfähigkeiten (siehe Berner/Jacoby und Görner unter „Zum Weiterlesen“).

81 Eine Sprache für Klänge finden

Ziel(e): siehe S. 71
Jahrgangsstufe(n): alle
Zeit: 10 Minuten
Ort: Klassenzimmer
Material/Medien: Russischbrot oder Buchstabennudeln für die Varianten

Ablauf: Das bekannte Spiel „Ich packe meinen Koffer ..." wird abgewandelt. Für alle, die dieses Spiel nicht kennen:
Die Kinder sitzen im Kreis, das erste Kind beginnt: „Ich packe meinen Koffer und nehme ... (z. B. meinen Teddy) mit." Das nächste Kind wiederholt zunächst, was das vorherige Kind mitgenommen hat und packt noch etwas dazu: „Ich packe meinen Koffer und nehme einen Teddy und ... (z. B. ein Buch) mit." Das folgende Kind muss zwei Dinge wiederholen und einen neuen Gegenstand hinzufügen ...
Das Spiel heißt nun „ Ich sitze am Fenster und höre ... ". Dabei sollen für die Geräusche eigene Wörter gefunden werden, z. B. „... das Plippeldiplopp der Regentropfen" oder „... das Schroooooum des Autos".

Variante 1: Aus den gefundenen Wörtern können Lautbilder entstehen (vgl. Baustein Kunst, Anregung 41 und 44).
Variante 2: Die gefundenen Wörter werden aus Russischbrot (oder aus Buchstabennudeln) gelegt.

82 Klänge für Sprache finden

Ziel(e): siehe S. 71
Jahrgangsstufe(n): alle
Zeit: 30 bis 45 Minuten
Material/Medien: verschiedene Klangerzeuger und Instrumente (siehe dazu Anregung 49 im Baustein Musik), Kassettenrekorder

Ablauf:
- Die Kinder suchen aus ihren Büchern Textstellen, in denen die Sprache etwas beschreibt, was zu hören ist (zum Beispiel „In der Stille der Nacht ...", Seite 100).
- Gemeinsam werden die Vertonung überlegt, die „Musiker" auf die Textstellen verteilt, eventuell ein Story-Board erstellt (siehe Anregung 85), ein Sprecher ernannt sowie Techniker für die Aufnahme festgelegt.
  Nachdem der Ablauf geübt wurde, kann das Stück dann aufgenommen werden.

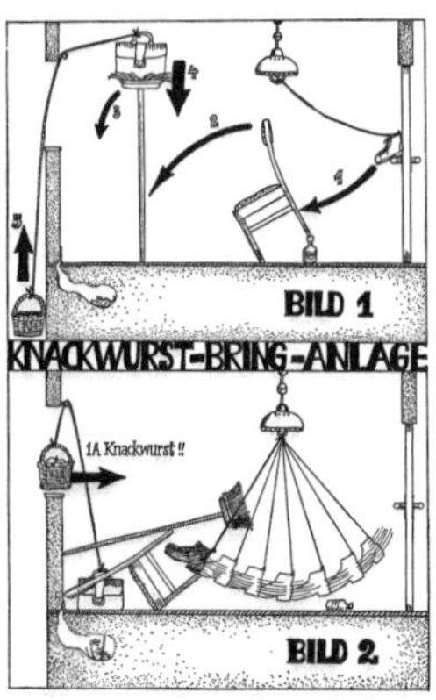

Auch Illustrationen zu Texten können vertont werden, wie zum Beispiel die „Knackwurst-Bring-Anlage" (aus dem Buch „Eine Woche voller Samstage" von Paul Maar, siehe Anhang S. 102).

83 Mit Sprache Klänge gestalten

Ziel(e): siehe S. 71
Jahrgangsstufe(n): 3.–4. Klasse
Zeit: mindestens eine Doppelstunde, besser ein Projekttag
Ort: Klassenzimmer
Material/Medien: Kassettenrekorder, Kassette, Wassergeräusche (von einer Geräusche-CD oder von den Kindern selber aufgenommen)

Vorbereitung: Das Gedicht „Das Feuer" von James Kruess (siehe Seite 100) wird gelesen und inhaltlich und formal geklärt.

Ablauf:
- Zu den Wassergeräuschen werden passende Wörter und „wässrige" Situationen gesammelt.
- In Gruppen erfinden die Kinder nun ein analoges Klassen-Gedicht „Das Wasser". Die Strophen werden dabei auf die Gruppen aufgeteilt – schnelle Gruppen können natürlich mehrere Strophen dichten. Die Anzahl der Zeilen und der Strophenbeginn – Hörst du? Siehst du? Schmeckst du? Riechst du? Fühlst du? – werden vom Ausgangsgedicht übernommen. (Beispiel eines Wasser-Gedichts: Seite 100)

Ausweitung: Das entstandene Klassengedicht wird mit der Stimme oder mit Instrumenten vertont und auf Kassette aufgenommen.

84 Mit Sprache Lieder gestalten

Ziel(e): siehe S. 67
Jahrgangsstufe(n): 3.–4. Klasse
Zeit: 1–2 Schulstunden
Ort: Klassenzimmer
Material/Medien: CD-Spieler, Lieder-CD, Papier für eine Wandzeitung

Ablauf:
- Den Kindern wird ein Lied vorgespielt (z. B. Ludwig Hirsch: „Der Wolf" – Hörbeispiel Nr. 13). Sie können dabei die Augen schließen und ihren Kopf auf den Tisch legen.
- Die Höreindrücke werden im Unterrichtsgespräch ausgetauscht und Fragen geklärt.
  Dann wird das Lied ein zweites Mal vorgespielt.
- Im Anschluss verfassen die Kinder in Gruppen oder partnerweise ein Gedicht dazu. Ausgangspunkt sind die Buchstaben eines passenden Wortes, die senkrecht notiert werden – für dieses Lied z. B. F R E I H E I T und T I E R P A R K.
- Zu den Buchstaben sollen dann Begriffe assoziiert werden, die zu dem Lied passen und mit dem jeweiligen Buchstaben beginnen.
- Die Gedichte werden vorgestellt und auf der Wandzeitung veröffentlicht.

Ausweitung: Die eigenen Gedichte können dann wieder vertont werden.

85 Mit Klängen Sprache gestalten

Tanz der Steine – Von der Fantasiereise zum Hörspiel

Ziel(e):	siehe S. 71
Jahrgangsstufe(n):	3./4. Klasse
Zeit:	als Projekt über mehrere Stunden
Ort:	Klassenzimmer
Material/Medien:	Geräusch eines Baches von einer Geräusche-CD oder selbst aufgenommen, ca. 50 cm lange Schnüre (für jedes Kind zwei Stück), Tesafilm, blaues Tuch (ca. 1m x 3m) für die Darstellung des Baches, verschieden große Kieselsteine in einer Kiste, Taschenlampe mit weißem Papier abgeklebt, verschiedene Klangerzeuger für Wassergeräusche (Wasserwanne, Gießkanne, Flaschen u.ä.), Geschichte „Tanz der Steine" (S. 101.)

Einhören: Bachplätschern: Die Kinder nehmen eine bequeme Position ein, schließen die Augen. Das Bachplätschern wird ca. eine Minute lang vorgespielt. Die Kinder berichten über das Gehörte und über eigene Erfahrungen an einem Bach.

Fantasiereise: Die Lehrerin/der Lehrer erzählt die Geschichte „Tanz der Steine". Nach einer kurzen Aussprache sammeln die Kinder, was sie in Gedanken alles hören und sehen konnten.
Sie berichten vom Gluckern des Wassers, von dem lustigen „Klick-Klack-Klock", vom Mondlicht ...

szenische Darstellung: Aus einer Kiste mit größeren und kleineren Kieselsteinen sucht sich jedes Kind zwei Steine aus und befestigt sie mit Tesafilm an jeweils einer Schnur.
Nun kann das Spiel beginnen: 6 bis 8 Kinder bilden jeweils eine Spielgruppe. Ein blaues zusammengerolltes Tuch wird zum Bach, eine Taschenlampe, mit weißem Papier abgeklebt, ist der Mond. Der Text wird noch mal gelesen und dazu gespielt.

Klänge-Werkstatt: Schnell stellen die Kinder fest, dass diesem „stummen" Spiel noch Klänge fehlen. Sie probieren aus, wie sie die Textpassagen mit Geräuschen und Tönen untermalen können.

Story-Board und Aufnahme: In ein „Story-Board" (siehe Anhang, S. 101) notieren die Kinder zu den Sätzen der Geschichte die geplanten Klänge und Geräusche. Zwei Kinder übernehmen die Sprecherrolle, die anderen teilen sich die Begleitung auf. Ein Kind hält das Mikrofon, das andere steuert am Kassettenrekorder aus.
Das fertige Hörspiel wird entweder im Pausen- oder Schulradio gesendet oder in anderen Klassen vorgestellt.

Die Aussicht auf eine Präsentation der Arbeit als Hörspiel motivierte die Kinder, genau zu arbeiten, ließ sie über gewählte Klänge und Geräusche diskutieren und führte zu einer intensiven Auseinandersetzung nicht nur mit dem Text, sondern auch mit der Klangqualität einzelner Musikinstrumente.

86 Mit Musik Sprache gestalten

Ein akustisches Klassengedichtebuchprojekt

Ziel(e): siehe S. 71
Jahrgangsstufe(n): 3.–4. Klasse
Zeit: ein Projektzeitraum über mehrere Stunden und freie Arbeitszeiten
Ort: Klassenzimmer
Material/Medien: Gedichtbücher (von den Kindern mitgebracht oder aus der Bibliothek), Kassettenrekorder und Kassette, Computer und Scanner

Vorbereitung: Die Kinder suchen sich – allein, zu zweit oder in der Gruppe – aus den Gedichtbüchern ein Gedicht aus, das ihnen besonders gefällt. Dieses üben sie zu lesen. Am Ende der Woche tragen sie ihr Gedicht der Klasse vor.

Werkstatt: Am Beispiel eines ausgewählten Gedichtes werden einige Formmerkmale von Gedichten herausgearbeitet, z. B. sprachlicher Rhythmus, Einteilung der Zeilen, Reim usw. In Gruppen-arbeit werden eigene Dichtversuche durchgeführt, eventuell mit Hilfestellung. Auch die Entwürfe werden der Klasse vorgetragen und vielleicht noch die eine oder andere Anregung eingearbeitet.

Das Gedichtebuch entsteht ... Daraus entsteht ein Gedichtband, z. B. als Abschluss der 4. Klasse zur Erinnerung. Jeder soll darin veröffentlichen, hat aber größtmöglichen Freiheitsspielraum. Das Gedicht kann aus einem der Gedichtbände ausgewählt, verändert oder fortgesetzt werden, es kann auch eines der selbst erfundenen Gedichte sein. Die Gedichte werden mithilfe des Computers grafisch gestaltet. Bilder werden dazu ausgesucht oder selber gemalt und eingescannt. Die Seiten werden mit Seitenzahlen versehen und ein Inhaltsverzeichnis erstellt. Dann können sie vielfach ausgedruckt und mit einer Spiralbindung zu einem Buch gebunden werden.
Das Deckblatt aus Karton gestaltet jedes Kind individuell.

... und wird mit Musik und Stimme zum Klingen gebracht Zunächst werden Probeaufnahmen gemacht – mit Vorbereitung der Stimme (siehe Anregungen 72–78): Jedes Kind spricht sein Gedicht auf Kassette und spielt es der Klasse vor, die eventuell Verbesserungsvorschläge macht. Dann werden Ideen gesammelt, welche Klänge, Lieder oder Musikstücke zu dem Gedicht passen.
Will man sich Schneidearbeit ersparen, wird die endgültige Fassung von gesprochenem Gedicht und passender Musik gleich in der Reihenfolge wie im Buch auf eine Kassette aufgenommen. Diese wird für alle kopiert – oder es findet sich die Möglichkeit, die Aufnahmen über den Computer auf CD zu brennen und zu vervielfältigen.

87 I Farben – Klänge – Worte

(Ein Klangbilderbuchprojekt)

Ziel(e): siehe S. 71

Jahrgangsstufe(n): 1.–4. Klasse, bewährt hat sich eine kleinere Gruppe von interessierten Kindern als Arbeitsgemeinschaft oder als Projekt über einen längeren Zeitraum

Zeit: mehrere Wochen

Ort: Klassenzimmer

Material/Medien: verschiedene klingende Materialien, Farben, Holzrahmen (70 x 60 x 10), Sperrholzplatten (70 x 54), Werkzeug zum Zusammenbauen, Schnüre, Nylonfaden, Drähte

Vorbereitung:

- mit Orffinstrumenten oder eigenen Instrumenten experimentieren (vgl. Anregung 49)
- Bildbetrachtungen im Hinblick auf Farben und Stimmungen sowie Malen nach Musik (vgl. Baustein Kunst)
- Umsetzen von Stimmungen in Klänge (vgl. Anregung 41)
- Bilderbücher werden angeschaut und verglichen hinsichtlich Inhalt, Textmenge und künstlerischer Gestaltung

Finden einer Geschichte:

- Welche Personen sollen in der Geschichte vorkommen?
- Zu den Personen werden dann passende Melodien und Klänge gesucht, es werden passende Bewegungen dazu ausprobiert und die Personen pantomimisch und mit entsprechender Stimmqualität dargestellt.
- Die Kinder entwickeln in Teams eine Geschichte zu den Personen. Die Geschichten werden vorgestellt, diskutiert und daraus eine gemeinsame Handlung entwickelt. Sie sollte nicht zu lang sein, denn die einzelnen Sequenzen der Geschichte sollen dann in einem Klangrahmen dargestellt werden.

Gestaltung des Bilderteils:

- Erstellen eines Story-Boards (siehe Anregung 85): Die Einzelsequenzen der Geschichte werden betitelt. Gemeinsam wird überlegt, welche Handlungssequenzen besser als gemalte Bilder und welche besser als klingende Bilder dargestellt werden können.
- Dann werden in Teams Bilder entworfen, gemeinsam besprochen und fertig gemalt, auf DIN-A3-Blättern mit gezeichnetem Rahmen.

Gestaltung der Klänge:

Zu den Hauptpersonen werden klingende Gegenstände (aus der Natur oder sonstige passende Materialien) gesammelt, die die Personen akustisch charakterisieren (z. B. etwas Knarzendes für einen Zwerg, einen leichten zarten Ton für eine Elfe). Diese Gegenstände werden später zur akustischen Darstellung der Person in den Rahmen gehängt: Die Elfe z. B. bekommt einen abstrakten Körper aus Federn und Glöckchen.

87 II Farben – Klänge – Worte
(Ein Klangbilderbuchprojekt)

Gestaltung der Bilderrahmen:

Entsprechend der Anzahl an Einzelsequenzen werden stabile, standfeste Holzrahmen (70 x 60 x 10) gebaut, die auch wie ein Leporello aufgestellt werden können.
Die Sperrholzplatten werden als „Buchseite" in den Rahmen befestigt. Mit den gemalten Bildern oder den klingenden Personendarstellungen werden die Bilderrahmen bestückt. Dabei sollten auch die Handlungen in der kleinen Geschichte dargestellt werden: Aktionen wie z. B. das aufgeregte Herumfliegen der Elfe kann durch das dreimalige Aufhängen des Federnelfenkörpers in verschiedenen Höhen dargestellt werden.

Präsentation:

Im Rahmen einer Projektwoche wurde das fertige Bilderbuch vorgestellt: Ein Kind erzählte die Handlung der Geschichte frei, die anderen untermalten sie akustisch mit den Klängen des Buches.

Erfahrungen:

Den Kindern fiel es leicht, nach der Rahmenhandlung konkrete Bilder zu gestalten: Das Entwerfen von Klangrahmen war mühsamer. Es bewährte sich der lange Vorlauf zum Experimentieren mit Bildern und Klängen, da die Gestaltung des Klangrahmens wegen immer wieder unvorhergesehen auftretender technischer Probleme und Materialschwierigkeiten Umdenken und Improvisation erforderte. Bewährt hat sich die eigene Freude am handwerklichen Arbeiten, sonst ist es sicher hilfreich, sich Unterstützung von begabten Eltern oder dem Hausmeister zu holen. Je fortgeschrittener die Gestaltung des Rahmens war, umso konzentrierter waren die Kinder bei der Arbeit. Hier die Balance zu finden zwischen absolutem kreativen Freiraum für die Kinder und Lenkung über die Lehrkraft war nicht immer einfach. Die Ideen und Wünsche der Kinder in machbare Bahnen zu lenken, ohne sie zu bevormunden, einzuschränken und vielleicht zu demotivieren, stellte sich bisweilen als Drahtseilakt heraus.
Doch waren am Schluss alle sehr zufrieden mit ihrem Klangbilderbuch – und auch ein bisschen stolz.

88 Als Sprecher Zuhören gestalten

Ziel(e): siehe S. 71
Jahrgangsstufe(n): 1.–4. Klasse, angepasst an die Altersstufe
Zeit: kleinere Einheiten über mehrere Wochen, auch in Freiarbeitszeiten
Ort: Klassenzimmer
Material/Medien: gegebenenfalls Kassette und Aufnahmegerät

Vorbereitung: Montagsgeschichten: Jeden Montag wird in der ersten Stunde vorgelesen. Gut ist es, das Vorlesen mal mehr und mal weniger ansprechend zu gestalten, um den Kindern verschiedene Eindrücke zu vermitteln. Regeln zum konstruktiven Feedback sollten eingeübt werden.

Kriterien sammeln ... Im Klassengespräch wird gesammelt, was das Zuhören erleichtert hat, z. B. stimmliche Gestaltung der Personen, Pausen und Lesefluss, Betonung wichtiger oder besonderer Stellen, Abwechslung in der Lautstärke und der Melodieführung, immer wieder Blickkontakt zu den Zuhörern, Begleitung mit Gestik, Mimik, Körperhaltung usw.
Die Punkte werden auf einem Plakat festgehalten.

... und in der Lesewerkstatt erproben, ... Jedes Kind sucht sich einen Text aus und übt das Vorlesen nach diesen Kriterien. Fühlt es sich sicher, liest es zunächst einem Partner vor, der Rückmeldung und Verbesserungsvorschläge gibt. Wer will, kann sich auch eine kleinere Gruppe zum konstruktiven Feedback suchen.

... vorstellen ... Erst wenn das Kind sich gut vorbereitet fühlt, trägt es sich in eine Liste für die Montagsgeschichten ein und gestaltet eine Vorleseeinheit. Hier sollte die Leistung nicht mehr kritisiert, sondern vor allem gewürdigt werden.

... und ausweiten auf andere Zuhörsituationen, z.B. Referate Kurzreferate: Der Kriterienkatalog wird abgestimmt bzw. erweitert auf diese Zuhörsituation. Besprochen wird z. B.: Aufbau eines Referates, Versprachlichen des Aufbaus durch „erstens, zweitens, drittens ...", kurze Zusammenfassungen geben, die wichtigen Punkte mit Stichpunkten festhalten auf Folie oder einem vorbereiteten Plakat, mit Medien veranschaulichen (Bilder, Originaltöne usw.), freies Sprechen mit Kontakt zu den Zuhörern, Interesse an dem Thema wecken über den persönlichen Zugang oder eine gute inhaltliche Vorbereitung. Jedes Kind bereitet zu einem Thema seiner Wahl ein Kurzreferat vor, über sein Haustier, sein Hobby, sein letztes Urlaubsland ... Wie in der Lesewerkstatt wird das Referat zunächst einem Partner oder einer kleinen Gruppe vorgetragen und konstruktives Feedback eingeholt. Erst wer sich sicher fühlt, trägt sein Referat der Klasse vor.

89 Als Zuhörer Zuhören gestalten

Ziel(e): siehe S. 71

Jahrgangsstufe(n): 1.–4. Klasse, angepasst an die Altersstufe

Zeit: eine Stunde zur Erarbeitung, später kleine Einheiten zur Erinnerung

Ort: Klassenzimmer

Material/Medien: leeres, vorbereitetes Plakat mit Zuhörtipps (siehe Anhang S. 101), für jedes Kind einen größeren Stein, einen Aufkleber; goldene Pappe (oder gelbes Tonpapier)

Vorbereitung: Einige Male wird nach einer Unterrichtsstunde den Kindern Zeit gegeben, um ihr „Zuhörtagebuch" (siehe Anhang S. 102) auszufüllen, das heißt kurz aufzuschreiben, was sie beim Zuhören gestört und was ihnen geholfen hat. Auch können die Gestaltungskriterien für Sprecher aus Anregung 88 vor-bereitend besprochen werden.

Mind-Mapping: Im Unterrichtsgespräch werden die Beobachtungen der Kinder auf einem Plakat festgehalten, am besten in einem Mind-Map nach Oberbegriffen geordnet. Ergänzt wird im Gespräch ein Ast zu der Frage „Warum ist Zuhören wichtig für mich?". Das Plakat wird zur Erinnerung im Klassenzimmer aufgehängt.

Zuhörstolpersteine: Jedes Kind bekommt einen Stein und einen Aufkleber, auf den es seinen persönlichen „Stolperstein" – d. h., was ihn am häufigsten beim Zuhören gestört hat – aufschreibt und auf den Stein klebt. Die Steine werden gemeinsam besprochen und an einem sichtbaren Platz in der Klasse zu einer Stolpersteinmauer aufgeschichtet.

Zuhör-Tipps: Anschließend wird mit den Kindern das Plakat mit den Zuhörtipps besprochen und überlegt, was sie als Zuhörer tun können, um ihre Aufmerksamkeit zu steuern. Die vorbereiteten Tipps werden mit den Ideen der Kinder ergänzt und auch dieses Plakat wird im Klassenzimmer aufgehängt.

Zuhör-Wunschsterne: Jedes Kind schneidet jetzt für sich aus Pappe oder Tonpapier einen Zuhör-Wunschstern aus, nicht zu klein, denn jeder soll auf den Stern schreiben, was er sich für die nächste Woche vornimmt, um sein Zuhören zu steuern, z. B. „vorher eine Frage zu dem Thema überlegen". Der Stern bleibt zur Erinnerung auf der Bank oder im Federmäppchen. Nach einer Zeit kommt ein weiterer Stern mit einem neuen Vorhaben dazu, bis alle Tipps von den Kindern ausprobiert wurden.

Erfahrungen: Wichtig ist, als Lehrer oder Lehrerin immer wieder Zeit zu geben, die Stolpersteinmauer anzuschauen, zu überlegen, ob manche Stolpersteine vielleicht inzwischen weggefallen sind.

90 Warm-up – Knoten knüpfen

Ziel(e):
- Zuhörstrategie erfahren, über Assoziationen Geschichten erinnern
- innere Bilder beim Erzählen mit Sprache ausmalen
- Möglichkeiten kennenlernen, um zu Geschichten zu kommen
- Erzählen als Gemeinschaftserlebnis erfahren

Jahrgangsstufe(n): 3.–4. Klasse
Zeit: je 10 Minuten
Ort: Klassenzimmer

Eine Erzählung wird von Punkt zu Punkt, von Knoten zu Knoten, von Bild zu Bild erzählt, sodass man nicht die ganze Geschichte im Kopf haben muss.
Darauf bereiten die Warm-up-Spiele vor.
„Knotenpunkt 2" und „Ordnung im Chaos" sind nur für fortgeschrittene Spieler.

Knotenpunkt 1: Alle stehen im Kreis. Die Lehrerin/der Lehrer (A) beginnt, richtet ein deutliches „Du" an irgendein Kind (B) im Kreis und zeigt dabei auf das Kind. Dieses Armzeichen wird über das ganze Spiel beibehalten. Das angesprochene Kind legt als Zeichen dafür, dass es schon dran war, eine Hand auf den Kopf und spricht ein anderes Kind (C) mit „Du" an, begleitet von der Handbewegung usw. Handbewegung und Hand auf dem Kopf werden das ganze Spiel über beibehalten, also so lange bis alle angesprochen wurden und das „Du" wieder bei der Lehrerin/dem Lehrer landet.
Wichtig ist, dass sich jeder merkt, wen er angesprochen hat. Denn im zweiten Durchgang richtet jeder wieder ein „Du" an das gleiche Kind, wieder mit deutlicher Handbewegung, aber ohne Hand auf dem Kopf. Das Muster soll gleich bleiben: von A zu B zu C usw., bis es wieder bei A landet.

Knotenpunkt 2: Statt des „Du" wird eine Assoziation z. B. zum Wort „Herbst", „Frühling" oder „Ferien" weitergegeben, wieder quer durch den Kreis, in einem neuen Muster. Das heißt, Person A spricht ein ‚neues' Kind B1 an, mit seiner persönlichen Assoziation z. B. „bunte Blätter". B1 schickt seine Assoziation z. B. „Nebel" zu einem ‚neuen' Kind C1 usw. Wie beim Musterspiel 1 wird das nachfolgende Kind zusammen mit einem deutlichen Zeigen angesprochen.

Ordnung im Chaos: Jetzt überlagern sich die Muster: Erst schickt Person A das „Du" an Kind B, dieses an Kind C usw. Währenddessen schickt Person A schon seine Assoziation z. B. „bunte Blätter" an das Kind B1, dieses sein Bild z. B. „Nebel" an Kind C1 usw. Wenn jeder sich nur auf die zwei Kinder konzentriert, von denen er angesprochen werden kann und nicht die einzelnen Wörter verfolgt, dann ist die Chance groß, dass nach einiger Übung beide Muster gleichzeitig den Kreis durchlaufen.

91 Die Erzählkugel

Ziel(e): siehe Anregung 90
Jahrgangsstufe(n): alle
Zeit: 15 bis 20 Minuten
Ort: Klassenzimmer
Material/Medien: eine schöne Glaskugel

Ablauf:

- An einem bestimmten Tag in der Woche bzw. täglich wird ein Stuhlkreis gebildet.
- Jedes Kind erhält reihum die Glaskugel und darf von seinen persönlichen Erlebnissen berichten. Wer nicht erzählen mag, reicht die Kugel einfach weiter.

Variante: Die Glaskugel wird zunächst in die Kreismitte gelegt und Musik eingespielt.
Welche Geschichten „sehen" die Kinder in der Kugel?
Wer möchte, erzählt seine Geschichte den anderen.

92 Innere Bilder beschreiben

Ziel(e): siehe Anregung 90
Jahrgangsstufe(n): alle
Zeit: 10 bis 15 Minuten
Ort: Klassenzimmer

Ablauf:

- Die Kinder sitzen im Kreis. Ein Begriff – z. B. „Wald" – wird vorgegeben. Jeder stellt sich sein Bild dazu genau vor. Dann beschreibt reihum jeder sein Bild den anderen.
- Danach wird besprochen, wann einen als Zuhörer die Erzählung mehr anspricht.
  Je persönlicher das innere Bild beschrieben wird und je mehr Details – Farben, Gerüche, Hörbares usw. – vorkommen, umso mehr geht der Zuhörer mit der Erzählung mit.

93 Sich eine Geschichte über innere Bilder merken

Ziel(e): siehe Anregung 90
Jahrgangsstufe(n): alle
Zeit: 20 bis 30 Minuten
Ort: Klassenzimmer
Material/Medien: kurze fertige Geschichten, die die Lehrkraft frei erzählen kann

Ablauf:

- Die Klasse wird in zwei Gruppen aufgeteilt. Eine Gruppe geht mit der Lehrerin/dem Lehrer hinaus und bekommt eine kurze Geschichte erzählt. Aufgabe ist, sich beim Erzählen die passenden Bilder vorzustellen und sich diese als „Ankerpunkte" für die Handlung der Geschichte zu merken.
- Dann bekommt die zweite Gruppe eine andere Geschichte erzählt mit der gleichen Aufgabe. Je ein Kind aus der ersten und ein Kind aus der zweiten Gruppe gehen zusammen und erzählen sich nun gegenseitig die Geschichte. Die Erinnerung an die assoziierten inneren Bilder soll dabei helfen. Die Geschichten dürfen aber auch von den Kindern verändert werden, wenn sie sich nicht mehr an Details erinnern.

94 Geschichten würfeln

Ziel(e): siehe Anregung 90
Jahrgangsstufe(n): ab 2. Klasse
Zeit: 45 Minuten
Ort: Klassenzimmer
Material/Medien: pro Gruppe drei „Märchenwürfel" (siehe unten)

Ablauf:

- Die Kinder gehen zu dritt zusammen. Jedes Kind bekommt einen der drei Würfel und würfelt sich eine Anfangssituation, einen magischen Gegenstand oder eine Aufgabe.
- Zu den drei erwürfelten Stichpunkten überlegt sich die Gruppe gemeinsam eine Geschichte, die sie später den anderen erzählt. Dabei erzählt jeder den Teil „seines" Würfels, also einer den Anfang, einer die Mitte, einer den Schluss.

Erfahrungen: Die Vorgaben auf den Würfeln sind ein Angebot für eine Geschichte, wenn die Gruppe das Gefühl hat, die Geschichte anders erzählen zu müssen, kann sie das gerne tun.

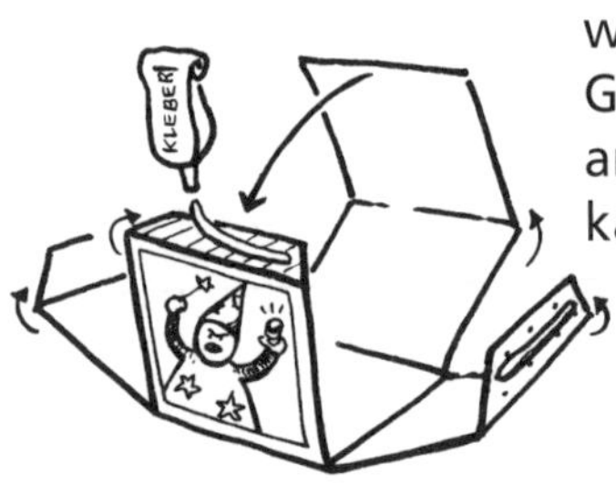

95 Eine Geschichte mit wenigen Sätzen erzählen

Ziel(e): siehe Anregung 90
Jahrgangsstufe(n): alle
Zeit: 15–20 Minuten
Ort: Klassenzimmer
Material/Medien: ein „Erzählkoffer“ mit vielen, ganz verschiedenen Gegenständen (kleine Spielzeuge, Alltagsgegenstände, Gebrauchsgegenstände ...)

Ablauf:

- Die Kinder sitzen im Kreis. Das erste Kind zieht „blind“ einen Gegenstand aus dem Koffer und beginnt mit einer Anfangssituation, möglichst in einem Satz, z. B.: „Auf einer Eisscholle am Südpol lebte ein kleiner Pinguin“.
- Das nächste Kind findet einen Satz dazu (oder auch mehrere), der ein Problem beschreiben soll, z. B.: „Der wollte einmal in seinem Leben eine Palme sehen“.
- Das dritte Kind muss die Geschichte, möglichst in einem Satz, mit einer Lösung beenden, z. B.: „Als er bis nach Afrika gepaddelt war, war die Eisscholle geschmolzen und er musste zurückschwimmen“.
- Anschließend beginnt die nächste Geschichte mit einem neuen Gegenstand.

96 Rundumgeschichten

Ziel(e): siehe Anregung 90
Jahrgangsstufe(n): alle
Zeit: 5–10 Minuten, je nach Länge der Geschichte
Ort: Klassenzimmer
Material/Medien: Erzählkugel oder -stein

Ablauf:

- Die Kinder sitzen im Kreis. Einer bekommt die Erzählkugel oder den Stein und beginnt mit dem Anfang einer Geschichte. Er darf dazu nur zwei Sätze sagen, dann gibt er die Kugel weiter.
- Der nächste führt die Geschichte mit zwei Sätzen fort usw. So läuft die Geschichte reihum durch den Kreis, bis sie zu Ende ist.

Die Begrenzung von zwei Sätzen sollte nicht so streng gesehen werden. Wichtig ist nur, dass die Erzählzeit begrenzt ist, damit nicht einer alleine seine Geschichte erzählt.

97 Geschichten aus der Hosentasche

Ziel(e): siehe Anregung 90
Jahrgangsstufe(n): alle
Zeit: 20 bis 45 Minuten
Ort: Klassenzimmer
Material/Medien: Gegenstände, die in den Hosentaschen der Kinder zu finden sind (oder mitgebracht werden), z. B. Streichholzschachtel, Feder, Schnur, Spielzeugauto, Knopf, Bonbons ...

Ablauf:

- Jedes Kind sucht sich einen Gegenstand aus, den es entweder in seiner Hosentasche findet oder extra mitbringt. Der Gegenstand kann auch zu einem bestimmten Thema mitgebracht werden, z. B. bei Einführung des Buchstabens G in der 1. Klasse, nach den Ferien eine Urlaubserinnerung, ein Lieblingstier oder Spielzeug. Die Gegenstände können auch in der Klasse zu finden sein.
- Zu diesem Gegenstand denken sich die Kinder eine Geschichte aus. Je nach Altersstufe kann ein Auftrag gegeben werden, worauf bei der Geschichte geachtet werden soll, z. B. dass die Geschichte einen Anfang, ein Problem und einen Schluss haben oder dass ein Gefühl eine Rolle spielen soll.
- Jedes Kind tauscht nun die Geschichte mit einem Partner und überreicht dabei den Gegenstand. Das heißt, erst erzählt das eine Kind, danach das andere Kind. Jeder hat danach den Gegenstand des anderen in der Hand. Die Geschichte, die zu diesem Gegenstand gehört, wird nun mit dem nächsten Partner getauscht. Das heißt, die gehörte Geschichte wird weitererzählt, so wie sie das Kind gehört hat oder erinnert. Und wieder werden zu den Geschichten die Gegenstände getauscht.
  So können 3 bis 5 Durchgänge gemacht werden.
- Am Schluss gibt es eine Vergleichsrunde, um zu hören, wie stark sich die ursprünglichen Geschichten verändert haben.

Variation: Beim Weitererzählen der gehörten Geschichte zu dem neuen Gegenstand kann die Aufgabe gegeben werden, einen neuen Anfang und einen neuen Schluss zu finden, aber das Gefühl oder das beschriebene Problem unverändert zu lassen.

Erfahrungen: Die Kinder wurden durch die Gegenstände sehr zum Erzählen motiviert. Durch die Partnerarbeit erzählen sehr viele Kinder gleichzeitig und die Zuhörphasen sind sehr kurz, dadurch bleibt ihre Aufmerksamkeit lange geweckt.
Die Kinder waren sehr überrascht, wie ihre Geschichten sich durch das Weitererzählen veränderten, manchmal bis zur Unkenntlichkeit.

98 Fünfminutenhefte

Ziel(e): ein vertrauensvolles Klima schaffen; verstehensorientierte Möglichkeiten der Kommunikation erleben; Auswirkungen unterschiedlichen Sprachverhaltens wahrnehmen; Gefühle und Bedürfnisse bei sich und bei anderen erkennen und benennen; Bedürfnisse und Wünsche bei sich und anderen wahrnehmen und mitteilen

Jahrgangsstufe(n): sobald die Kinder schreiben können

Zeit: 5 Minuten (täglich, wöchentlich oder je nach Situation)

Ort: Klassenzimmer

Material/Medien: DIN-A5-Heft

Ablauf:

- Die Lehrerin/der Lehrer gibt einen Impuls, wirft ein Thema auf, stellt eine Frage oder möchte ein Feedback, z. B. Dein Wochenende ..., Wie treffe ich dich heute an?, Wir waren im Theater ...
- Jedes Kind darf ganz persönlich seine Meinung, Erfahrung, Gefühle, aber auch Probleme zu Papier bringen. Wenn sie wollen, geben die Kinder der Lehrkraft ihr Heft ab. Dadurch ergibt sich die Möglichkeit, schriftlich und ganz persönlich auf aufgeworfene Fragen, Erlebnisse oder Probleme zu reagieren, sodass eine vertrauliche Korrespondenz zwischen dem einzelnen Kind und der Lehrerin/dem Lehrer entstehen kann.
- Wichtig ist, dass der Inhalt des „Briefwechsels“ geheim bleibt und weder rechtschriftlich noch syntaktisch korrigiert werden soll. Es sollte auch nicht darum gehen, alles zu kommentieren.

99 Lautlose Kommunikation

„Ich zeig dir, was ich will – Auf die Plätze, fertig, still!“

Ziel(e): siehe Anregung 98

Jahrgangsstufe(n): alle

Zeit: 5 Minuten bis 1 Stunde

Ort: Klassenzimmer

Ablauf: Arbeitsanweisungen werden nur nonverbal erteilt mithilfe von Mimik, Gestik und lautlosen überdeutlichen Mundbewegungen. Hilfestellung und Korrektur werden ebenfalls nur lautlos erfragt und erteilt.

Variation: als Spiel mit „Unsinnsanweisungen“ (z. B. lege dich unter den Tisch und tu so als ob du schläfst) oder mit vertauschten Rollen

Erfahrungen: Diese Art von Kommunikation kommt bei den Schülern sehr gut an. Bei Übungsstunden, in Übungsphasen oder z. B. im Kunstunterricht funktioniert sie besonders gut.

100 I Die Giraffensprache

Ein Projekt zur Gewaltprävention

Ziel(e): siehe Anregung 98
Jahrgangsstufe(n): alle, gegebenenfalls mit Abwandlungen
Zeit: verteilt in kleinere Einheiten über eine Projektwoche und immer wieder zur Erinnerung
Ort: Klassenzimmer
Material/Medien: Giraffen- und Wolfshandpuppe, Schablone für Giraffen- und Wolfsohren (siehe Seite 98), festes Tonpapier in der Farbe der Ohren

Einführung: Die Kinder bilden zunächst allein, dann zu zweit, in Gruppen und zuletzt als Klasse ein Herz in verschiedenen Positionen (sitzend, liegend, stehend). Dann malen sie ein Herz, so groß, dass sie alles hineinmalen können, was ihnen wichtig ist und was sie gern haben. Die Bilder werden gemeinsam angeschaut und erläutert. Sie raten, welches Landtier das größte Herz hat: die Giraffe. Was hat das große Herz und die Giraffe mit unserer Sprache zu tun? Eine Erklärung könnte so lauten:
„Die Giraffe hat das größte Herz aller Landtiere. Sie braucht ein so großes Herz, um das Blut durch ihren langen Hals bis in den Kopf zu pumpen. Die Giraffe lebt friedlich mit anderen Tieren zusammen, mit den Antilopen, den Zebras, den Elefanten. Durch ihren langen Hals hat sie einen guten Überblick und sieht vieles, was andere Tiere nicht sehen können.
Wenn wir Menschen gut miteinander umgehen wollen, brauchen wir auch ein großes Herz, damit wir uns in andere hineinfühlen und ehrlich und offen miteinander reden können. Die Giraffe leiht uns ihren Namen für eine Sprache, die vom Herzen kommt und mit der wir andere besser verstehen.
Wir schaffen es nicht immer, in der Giraffensprache zu sprechen. Manchmal haben wir Kummer, sind wütend, enttäuscht oder haben Angst. Dann benutzen wir die Wolfssprache. Ich nenne sie so, weil Wölfe nicht den Überblick haben wie die Giraffen. Wenn sie glauben angegriffen zu werden, schnappen sie zu und verletzen andere.
Ihr werdet merken, dass wir die Wolfssprache alle gut können. Die Giraffensprache müssen wir lernen."

Anhand eines Beispiels werden die Regeln der Giraffensprache erarbeitet:
Lena fällt im Kreisgespräch zum wiederholten Male den Kindern ins Wort. Martin, der gerade das Wort hat, ärgert sich. In der Wolfssprache sagt er:
„Du bist unmöglich! Immer musst du dazwischenquasseln!"
Die Kinder überlegen, was diese Äußerung bewirkt und wie Martin reagieren könnte, damit Lena eine Chance hat, ihr Verhalten zu überdenken und zu verändern.
Das Ergebnis in Giraffensprache könnte etwa so lauten:
„Du hast heute schon dreimal dazwischengeredet, ohne dich zu melden. Das ärgert mich, weil ich den Faden verliere und die anderen mir nicht mehr zuhören. Ich hätte gerne, dass du wartest, bis du an der Reihe bist."

100 II Die Giraffensprache

In Giraffensprache
- teilen wir unsere Beobachtungen mit, ohne Wertungen („du bist") und Verallgemeinerungen („immer")
- teilen wir unsere Gefühle offen mit („das ärgert mich")
- offenbaren wir unsere Bedürfnisse („weil ich ...")
- äußern wir Bitten („ich hätte gerne ...")

Diese Regeln werden auf einem Giraffenplakat festgehalten:

1. Wir sagen dem anderen genau, was uns stört, ohne „du bist", „immer" oder „nie" zu benutzen.
2. Wir sagen, was wir dabei fühlen.
3. Wir sagen, was wir uns vom anderen wünschen.

Das ist geschehen:

Silke kommt mit ihrem neuen Skipboard auf den Spielplatz. Ihre Freundin Anja bewundert es und möchte es gerne ausprobieren. Silke mag es nicht ausleihen. Anja droht: „Wenn du mich nicht fahren lässt, bin ich nicht mehr deine Freundin."

Was könnte Anja in Giraffensprache sagen?

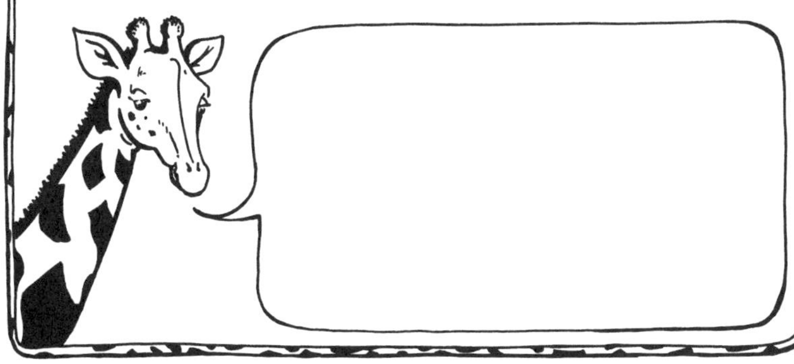

Das ist geschehen:

Felix zeigt Alex seine neuesten Sammelkarten. Er hat eine Karte doppelt. Alex möchte sie gerne haben, aber Felix will nicht tauschen. Da ruft Alex: „Du bist ganz schön gemein. Nie gibst du was her! Sei nicht so egoistisch und gib mir die Karte!"

Was könnte Alex in Giraffensprache sagen?

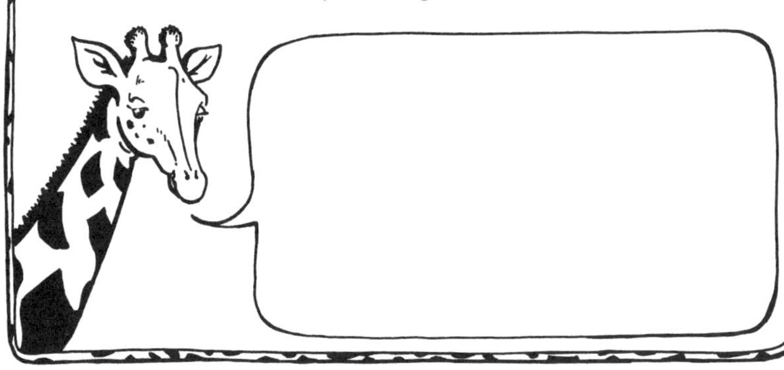

Die beiden vergrößerten Beispiele auf dem Arbeitsblatt werden in Gruppenarbeit bearbeitet.

100 III Die Giraffensprache

Gefühle ausdrücken

Auszudrücken, was wir fühlen und wünschen ist nicht einfach und bedarf der Übung und Ermutigung. Dazu brauchen die Kinder einen entsprechenden Wortschatz. Eine Körperübung kann den Einstieg erleichtern.

Wie sag ich's meinem Körper?

Die Kinder stellen sich in den Raum und sagen mit ihrem Bein „Ich bin wütend", mit den Augen „Ich habe Angst", mit dem Po „Ich bin nervös", mit dem ganzen Körper „Ich bin froh/traurig". Sie merken dabei, dass nicht alle die gleichen Gebärden benutzen. Daher ist es oft nicht leicht, zu erkennen, was die anderen wirklich fühlen, besonders bei einem Streit oder in Konfliktsituationen.

Gefühlvolle Wörter sammeln

Wörter können helfen, Gefühle bei sich und beim anderen zu erkennen. In Gruppen sammeln die Kinder Wörter, die ausdrücken, wie sie sich fühlen, wenn sie zufrieden sind, wenn ein Wunsch erfüllt wurde, wenn jemand sagt, dass er sie mag ...

Die Wörter werden auf ein Plakat mit einem lachenden Gesicht geschrieben (siehe unten).

Dann werden in Gruppen Wörter gesucht, die die Gefühle ausdrücken, wenn sie unzufrieden sind, wenn jemand sagt „Du bist blöd, Du darfst nicht mitspielen, Du hast Hasenzähne, Du bist ein Schwächling", wenn sie ausgelacht werden, weil sie etwas nicht können ...

Diese Wörter werden auf einem Plakat mit einem traurigen Gesicht festgehalten (siehe unten).

Die Plakate werden im Klassenzimmer aufgehängt und in späteren realen Konfliktsituationen ergänzt. Sie können hilfreich sein, wenn Kinder in sich hineinhören und herausfinden wollen, welches Gefühl vorherrscht.

100 IV Die Giraffensprache

Bitten und Wünsche äußern

Bitten und Wünsche zu äußern erfordert oft Mut.
Dazu wird den Kindern ein Gedicht vorgelesen:

Von Scham und Schande — von Dusan Radovic

Einer schämte sich, nach einem Klo zu fragen.
Und was geschah?
Nichts. Er machte in die Hose.
Einer schämte sich, Unterhosen im Geschäft zu kaufen.
Und was geschah?
Nichts. Er lief ohne Unterhosen herum.
Einer schämte sich, seinem Mädchen seine Liebe zu gestehen.
Und was geschah?
Nichts. Sie heiratete einen anderen.

aus: Ignjatovic- Savic, N. u. a. (1998): Worte sind Fenster – oder sie sind Mauern, München.

Wahrscheinlich lachen die Kinder zuerst und finden es komisch. Sie suchen sich in der Gruppe eine Strophe aus und überlegen: Was ist das Schlimmste, was hätte passieren können?
Was ist das Beste, das hätte passieren können?
Die Ergebnisse werden vorgetragen oder im Rollenspiel vorgestellt. Im abschließenden gemeinsamen Gespräch wird klar, dass wir uns oft genieren zu sagen, was wir gerne hätten, weil wir Angst davor haben, ausgelacht zu werden. Die Angst schützt uns manchmal vor Unannehmlichkeiten. Doch wenn wir etwas gewinnen wollen, müssen wir diese Angst oder Scham überwinden. Machen wir dann eine gute Erfahrung, werden wir mutiger.
Die Kinder erweitern das Gedicht gerne um Strophen aus ihrem Erfahrungshintergrund.

Giraffen- und Wolfsohren

Der Umgang mit Giraffen- und Wolfsohren vertieft bei den Kindern das Verständnis der Giraffensprache.
Die Lehrerin/der Lehrer bringt ein Paar Wolfsohren und ein Paar Giraffenohren mit und erklärt die verschiedenen Ohren, auf denen wir hören können, mit einem Beispiel:
Ich erkläre gerade im Unterricht etwas und Max schwätzt, grinst und sagt: „Das ist uninteressant." Ich kann das auf verschiedene Weise hören.
Wenn ich Wolfsohren anhabe und sie nach außen drehe, also zu Max, bin ich wütend auf ihn und will ihn bestrafen. Ich frage mich, was mit ihm nicht stimmt und sage vielleicht: „Du bist unverschämt!"
Ich kann die Wolfsohren auch nach innen drehen und mir zuwenden. Dann frage ich mich, was mit mir nicht stimmt. Ich gebe mir die Schuld und denke: „Ich habe nicht genug überlegt, wie ich das Thema interessanter vermitteln kann."
Wenn ich die Giraffenohren aufsetze und sie nach außen zu Max wende, versuche ich zu hören, was in ihm vorgeht, wie er sich fühlt. Vielleicht sage ich dann: „Langweilst du dich? Hast du einen Vorschlag, was wir machen können?"

100 V Die Giraffensprache

Drehe ich die Giraffenohren in meine Richtung, höre ich auf mein Herz, was in mir vorgeht, was ich möchte. Dann sage ich vielleicht: „Wenn ich dir etwas erklären will und du schwätzt und lachst darüber, ärgere ich mich, denn ich möchte gerne zu Ende reden, weil es mir wichtig ist.“ Und wenn ich das gesagt habe, ärgere ich mich schon nicht mehr.

Die Kinder basteln nun mithilfe der Schablone (siehe unten) für sich Giraffen- und Wolfsohren. Anhand eines Beispiels üben sie, mit verschiedenen Ohren zu hören:

Die Musik aus dem Radio läuft laut und die Mutter ruft:
„Ich kann diesen Krach nicht länger ertragen.“
In vier Gruppen wird je eine Möglichkeit durchgespielt
– die Wolfsohren nach außen wenden,
  die Wolfsohren zu sich hinwenden,
  die Giraffenohren nach außen wenden,
  die Giraffenohren zu sich hinwenden –
und überlegt, wie das Gespräch verlaufen wird. Es wurde klar, dass Wolfsohren meist zum Streit oder Abbruch des Gesprächs führen, während Giraffenohren zum Verstehen beitragen.

Wichtig ist, immer wieder in konkreten Konfliktsituationen die verschiedenen Möglichkeiten, mit Wolfs- oder Giraffenohren zu hören und zu reagieren, mit den Kindern durchzuspielen. Mit den gebastelten Ohren fällt das den Kindern leichter. Wichtig ist auch, sich selbst zu beobachten und das eigene Verhalten als Lehrerin/Lehrer gerade in Konfliktsituationen mit den Kindern zu besprechen. Auf welchen Ohren kommt es bei den Kindern an?

Nach dem Programm von Ignjatovic- Savic, N. u. a. (1998): Worte sind Fenster – oder sie sind Mauern, München. Zu beziehen über Isolde Teschner, Pienzenauerstr. 50, 81679 München

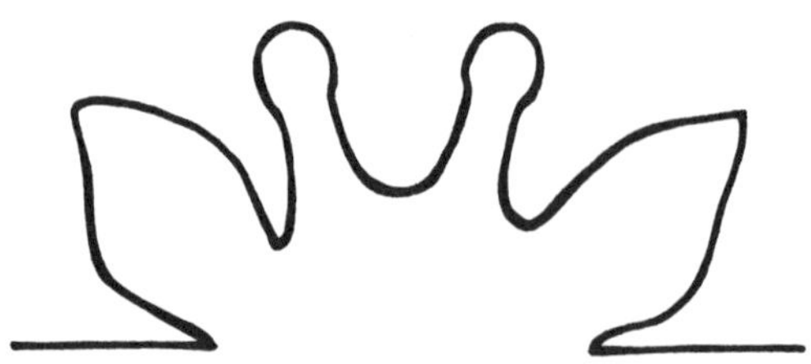

Wolfsohren

Giraffenohren

Fotos: Marga Kajanne

Anhang

zu Anregung 76 II, S. 76

Ernst Jandl: Auf dem Land

RininininininininDer
brüllüllüllüllüllüllüllüllEN

SchweineineineineineineineinE
grunununununununununZEN

hunununununununununDE
bellellellellellellellellEN

gänänänänänänänänSE
schnattattattattattattattattERN

bienbienienienienienienienEN
summummummummummummummummEN

fröschöschöschöschöschöschöschöschE
quakakakakjakakakakakEN

ziegiegiegiegiegiegiegiegEN
meckeckeckeckeckeckeckeckeckERN

vögögögögögögögögEL
zwitschitschitschitschitschitschitschitschERN

zu Anregung 80, S. 79

Ernst Jandl: Ottos Mops

Ottos Mops trotzt
Otto: fort Mops fort
Ottos Mops hopst fort
Otto: soso

Otto holt Koks
Otto holt Obst
Otto horcht
Otto: Mops Mops
Otto hofft

Ottos Mops klopft
Otto: komm Mops komm
Ottos Mops kommt
Ottos Mops kotzt
Otto: ogottogott

zu Anregung 80, S. 79

fmsbwtözäu

einleitung:

Fümms bö wö tää zää Uu, 1
pögiff,
kwii Ee.

Ooooooooooooooooooooooooooooooo, 6

dll rrrrrr beeeee bö, (A) 5
dll rrrrrr beeeee bö fümms bö,
rrrrrr beeeee bö fümms bö wö,
beeeee bö fümms bö wö täää,
bö fümms bö wö täää zääa,
fümms bö wö täää zää Uu:

erster teil:

thema 1:
Fümms bö wö täää zää Uu, 1
pögiff,
kwii Ee.

thema 2:
Dedesnn nn rrrrrr, 2
Ii Ee,
mpiff tillff too,
tillll,
Jüü Kaa? *(gesungen)*

thema 3:
Rinnzekete bee bee nnz krr müü? 3
ziiuu ennze, ziiuu rinnzkrrmüü,

rakete bee bee. 3a

thema 4:
Rrummpff tillff toooo? 4

Above: The first page of Kurt Schwitters' Ursonate, *Copyright © 1973 by Verlag M. DuMont Schauberg, Cologne.*

zu Anregung 80, S. 79

Otto Wiemer: Floskeln

Offengestanden
mir fehlen die Worte
immerhin
andersherum gefragt
mag sein
überhaupt
bei Lichte betrachtet
find ich ja witzig
allen Ernstes
jedenfalls
ohne langes Gerede
na klar
mach keine Geschichten
im übrigen
ganz unter uns
da kann man nichts machen
ehrlich
und außerdem
was soll das
kurz und gut
angenommen
ich denke
nun mal genau

zu Anregung 82, S. 80

In der Stille der Nacht ...

„Da lag er nun, bewegungslos, und starrte in die Dunkelheit. Eine schreckliche Stille lastete über allem. Nach und nach machten sich in dieser Stille all die kleinen Geräusche bemerkbar. Laut erscholl das Ticken der Uhr, die Balken krachten geheimnisvoll, die Treppen knackten leise. Es war ganz augenscheinlich: Gespenster gingen um. Aus Tante Pollys Zimmer erscholl gemessenes, gedämpftes Schnarchen. Nun begann auch eine Grille ihr ermüdendes Gezirpe. Kein menschlicher Scharfsinn war imstande, die Richtung festzustellen, aus der das Zirpen kam. Zu allem Überfluss ertönte jetzt auch noch das geisterhafte Klopfen der Totenuhr in der Wand am Kopfende des Bettes und versetzte Tom in Schauder.

(Mark Twain: Tom Sawyers Abenteuer. Eine Mississippi-Erzählung, Auszug aus dem 9. Kapitel)

Schüler-Beispiel zu Anregung 83, S. 81

Das Wasser

Hörst du, wie das Wasser flüstert,
sprudelt, knackend, krachend fließt,
wie das Wasser raschelt und saust,
brodelt, brotselt, schwankt und braust?

Siehst du, wie das Wasser bleckt,
züngelt und den Sand leckt,
wie das Wasser rauscht und zischt,
trockene Sände zieht und mischt?

Riechst du, wie das Wasser raucht,
kräftig, schwach, fließt, klappert,
wie das Wasser grün und transparent
duftet, schmeckt nach nichts und Cola?

Fühlst du, wie das Wasser fällt,
Schaum aushaucht, völlig schäumt,
wie das Wasser sich schnell ausbreitet,
dich kältet und versenkt?

Hörst du, wie es sich verzieht?
Siehst du, wie es leise schäumt?
Riechst du, wie der Salzgeruch flieht?
Fühlst du, wie es wärmer wird?

Kleiner wird der Wasserbraus,
ein letztes Blubbern,
ein feines Ringeln,
ein schwaches Rauschen
– aus.

zu Anregung 83, S. 81

Das Feuer

Hörst du, wie die Flammen flüstern,
Knicken, knacken, krachen, knistern,
Wie das Feuer rauscht und saust,
Brodelt, brutzelt, brennt und braust?

Siehst du, wie die Flammen lecken,
Züngeln und die Zunge blecken,
Wie das Feuer tanzt und zuckt,
Trockne Hölzer schlingt und schluckt?

Riechst du, wie die Flammen rauchen,
Brenzlig, brutzlig, brandig schmauchen,
Wie das Feuer rot und schwarz,
Duftet, schmeckt nach Pech und Harz?

Fühlst du, wie die Flammen schwärmen,
Glut aushauchen, wohlig wärmen,
Wie das Feuer, flackrig-wild,
Dich in warme Wellen hüllt?

Hörst du, wie es leiser knackt?
Siehst du, wie es matter flakt?
Riechst du, wie der Rauch verzieht?
Fühlst du, wie die Wärme flieht?

Kleiner wird der Feuersbraus:
Ein letztes Knistern,
Ein feines Flüstern,
Ein schwaches Züngeln,
Ein dünnes Ringeln –
Aus.

James Krüss

zu Anregung 85, S. 82

Story-Bord zu „Tanz der Steine"

Text	Aufnahme
In einem Bach lagen viele kleinere und größere Steine beieinander.	Steine dicht vor dem Mikrofon leicht aneinander reiben
Das Wasser gluckerte und gluckste.	mit Gießkanne langsam in Wanne gießen, Flasche ins Wasser halten
Der Mond schien in den Bach, und es entstand mit dem Licht ein flimmerndes, zauberhaftes Bild.	Taschenlampe an Triangel, leise Glockenspieltöne
Auf einmal geriet einer der Steine in Bewegung.	zwei große Steine aneinanderreiben
Als wenn er durch Zauberkraft hüpfen könnte, löste er sich vom Bachbett, hüpfte auf und plumpste wieder hinunter.	ein Stein wird zuerst aus dem Wasser gezogen und fällt dann ins Wasser ... (auffangen!), öfter wiederholen
Die anderen Steine hatten auch Lust zu hüpfen,	wie oben, aber mehrere Steine
und so entstand auf einmal ein lustiges „Klick - Klack - Lock - ...".	immer drei Steine hintereinander ins Wasser plumpsen lassen
Und weil es eine Zaubernacht war,	Mondschein-Klänge
wurde aus dem zufälligen Hüpfen und Hopsen ein Tanz der Steine.	Dreiviertel-Takt
Der dickste und lauteste wurde zum Anführer des Tanzes.	ein paar besonders deutliche „Tanzschritte", nah am Mikro
Dann sang das Wasser mit, und die Steine tanzten, bis sich eine dicke Wolke vor den Mond schob.	Wasser wird deutlich lauter, immer weniger Steine tanzen mit, bis es ganz still ist. Vereinzelte Steine klingen noch ein bisschen.

zu Anregung 89, S. 87

Mein Zuhörtagebuch

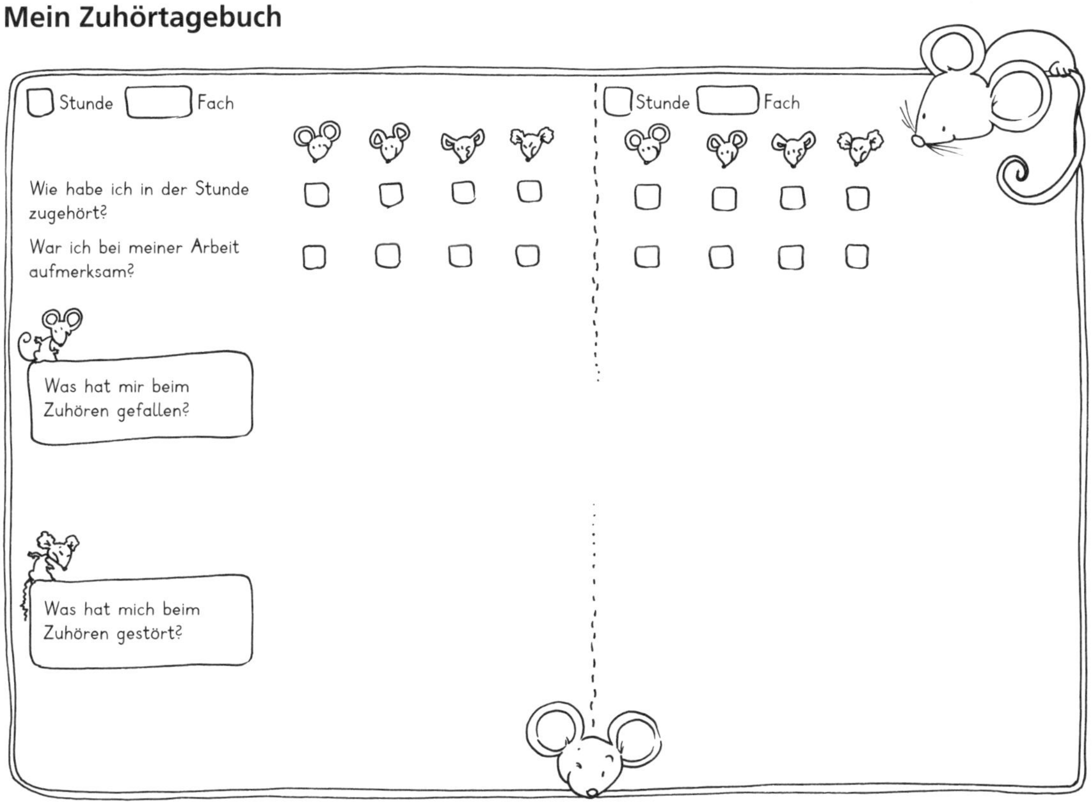

zu Anregung 89, S. 87

Zuhör-Tipps

- Ich nehme mir vor aufzupassen!
- Was möchte ich über das Thema wissen?
- Warum ist das Thema wichtig für mich?
- Wenn ich merke, dass ich nicht mehr aufpassen kann → kurze Pause? Einmal Recken und Strecken!
- Die Stimme der Lehrerin/des Lehrers sagt mir, was wichtig ist.
- Notizen machen.
- Wenn ich merke, dass ich etwas nicht verstehe → Nachfragen, Stirnrunzeln.
- Mut zur Lücke: Ich muss den Sinn verstehen.
- Ich kann stolz auf mich sein, wenn ich gut zugehört/aufgepasst habe.

zu Anregung 82, S. 80

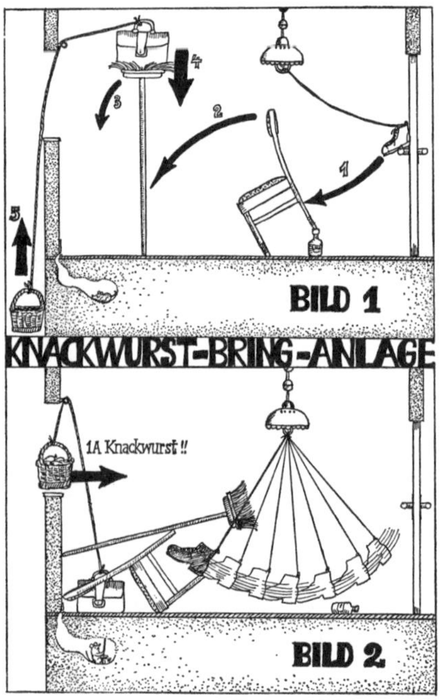

Notizen

Notizen